ビジネス文書
がサクサク作れる！

Word × Copilot
ワード　コバイロット

最強の
時短術

グエル 鈴木眞里子 著　日経PC21 編

日経BP

はじめに

　近年沸き起こっている「生成 AI（Generative AI）」のブームは、IT業界のみならず、ビジネスの現場にも大きな革新をもたらしています。言葉で指示するだけで、AI（人工知能）が文章からプログラム、画像や動画まで、次々と生み出してくれる —— そんなSFのような世界が現実となりつつあるのです。これにより、従来は手間と時間をかけて人が行ってきた作業の一部は、AIにまかせて自動化できるようになりました。

　2022年11月に公開された「ChatGPT（チャットジーピーティー）」をご存じの方は多いでしょう。AIとチャット（会話）をする感覚で、情報をまとめてもらったり、文章やプログラムの作成を依頼したりできるサービスです。基本的な機能は無料で使えることもあり、2023年に大ブレイクしました。数ある生成 AI の中でも、ChatGPT は高度な自然言語処理を得意としているため、ビジネス文書やメールの文面を考えさせたり、文章の要約や翻訳を行わせたりすることが可能です。ChatGPT をうまく使えば、日々の文書作成、企画やアイデアの提案などを格段に効率化できます。すでに、そのようなノウハウを解説する書籍も多く出版されています。

「ChatGPT」を超える機能と使い勝手を備えた「Copilot」

　このChatGPTと同様の言語処理能力を備え、かつChatGPTをしのぐ利点を多く備えた生成 AI が、マイクロソフトのAIアシスタント「Copilot（コパイロット）」です。マイクロソフトはChatGPTの開発元であるOpenAIに出資をするなど提携関係にあることから、ChatGPTと同じ言語モデルをベースにCopilotを開発しました。そして、Web上の最新情報を基に回答を生成する、WordやExcelに回答をエクスポートできる、といった独自機能を追加して、使い勝手を高めています。

　さらに、パソコン用OSであるWindowsやWebブラウザーのEdgeに標準搭載し、手軽に活用できるようにした点は、まさにマイクロソフトのお家芸。WordやExcel

などのOfficeアプリ（Microsoft 365アプリ）上で利用できる有料版をリリースするなど、同社の製品やサービスに次々と展開しています（**図1、図2**）。WindowsやOfficeを普段から利用している人なら、これを使わない手はありません。

AIの助けを借りて業務効率化

ビジネスの現場でCopilotが特に力を発揮するのは、文書作成の場面でしょう。ChatGPTと同様、Copilotは言語処理能力に優れるため、文章の生成やアイデアの提案が得意中の得意です。案内状でも企画書でも何でも、文書を作るときは

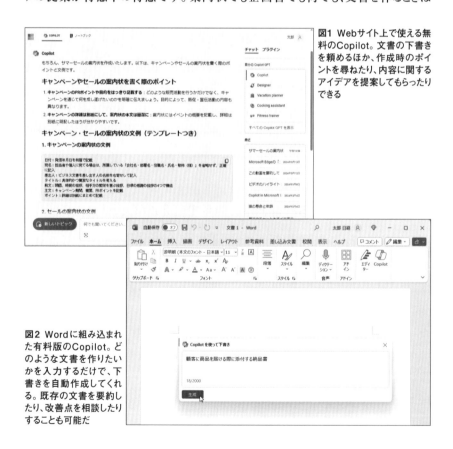

図1 Webサイト上で使える無料のCopilot。文書の下書きを頼めるほか、作成時のポイントを尋ねたり、内容に関するアイデアを提案してもらったりできる

図2 Wordに組み込まれた有料版のCopilot。どのような文書を作りたいかを入力するだけで、下書きを自動作成してくれる。既存の文書を要約したり、改善点を相談したりすることも可能だ

「どんな項目を並べて、どんな体裁でまとめればいいだろう……」と頭を悩ますもの。そんなときはCopilotに「○○の企画書を書いて」などと頼んでみてください。すると1分もかからずに、必要な項目を並べた下書きを作成してくれます。詳細な指示を出さなければ内容は仮のものとなりますが、その下書きをひな型のように使って実際の内容を盛り込んでいけば、あっという間に文書を仕上げることができます。しかも、「○○のアイデアを提案して」のようにお願いすると、アイデア出しまでしてくれるのが頼りになるところ。「Copilot」は「副操縦士」という意味ですが、まさに"有能なアシスタント"として仕事を助けてくれます。

Wordの実務スキルも身に付けてこそ最強

　もちろん、文書作成の作業をすべてCopilotにまかせることはできません。Copilotによる下書きを手直ししたり、イチから自分で文章を書いたりしなければならないケースも多々あります。そのためには、日本語入力のスキルやWordの効率的な使い方も身に付けておくことが不可欠です。文書を見栄え良く装飾したり、わかりやすい図解を添えたりする作業は、現状のCopilotには頼めません。自分でWordを使いこなして、スムーズに処理することが求められます。

　そこで本書では、Copilotを使った文書作成の最新ノウハウとともに、Wordを効果的に活用するための実践テクニックを解説します。多くの人々に役立てていただけるよう、無料で使えるCopilotと通常のWordを使ってできることを中心に据えました。そのうえで、有料版のCopilotとMicrosoft 365版Officeアプリの組み合わせで利用できる、より先進的な機能も紹介しています。

　本書の内容が、皆さんの日々の業務効率化や時短につながれば幸いです。

日経 PC21 編集長　田村 規雄

● Contents ● 目次

第3章　レイアウトから出力・校閲までを省力化 ⋯⋯⋯ 93

●Contents 目次

無料のCopilotで
下書きを自動化

マイクロソフトのAIアシスタント「Copilot」は、ビジネス文書の作り方に"革命"をもたらす存在だ。内容を大まかに指示するだけで、全体の構成や、文章を考えてくれる。活用すれば、業務効率は間違いなく爆上がり。WebのCopilotは無料なので、使わない手はない。

Section
01
マイクロソフトが注力する
AIの"副操縦士"

　人と会話をするときのような自然な言葉で質問や相談をすると、AI（人工知能）が適切に回答してくれる——。そんなAIが実用化され、社会に変革を起こしつつある。チャット形式で対話できることから「チャットAI」や「対話型AI」などと呼ばれる。文章（テキスト）だけでなく、画像や音楽、動画までを驚くべきクオリティーで生成できるものが次々と登場。大量の情報を学習して自らコンテンツを生み出す「生成AI（Generative AI）」として、ブームを巻き起こしている。

　チャットAIといえば、米国のベンチャーOpenAIが開発した「ChatGPT（チャットジーピーティー）」が代表格。2022年11月に公開されて以来、その能力は世界に衝撃を与え、瞬く間に利用が広がった。このOpenAIに多額の出資をして提携関係に

AIアシスタントの登場で、パソコンの使い方が変わる!

Windows 11が搭載する
「Copilot in Windows」

図1　2023年9月から順次提供が始まった、Windows 11向けのAIアシスタント「Copilot in Windows」。チャット形式で質問するとWebの情報を基に回答してくれるほか、Windowsの設定やアプリの起動なども支援してくれる。同年12月には正式版としてリリースされた

あるマイクロソフトも2023年2月、検索サービス「Bing（ビング）」の一機能としてチャットAIの提供を開始。それを発展させ、同社のさまざまなサービスに組み込む形で本格展開を始めたのが「Copilot（コパイロット）」だ。

2023年9月には、Windows 11の新機能として「Copilot in Windows」の提供を開始（**図1**）。WordやExcelなどのOfficeアプリ（Microsoft 365アプリ）上で使える「Copilot for Microsoft 365」も同年11月にリリースした（**図2、図3**）。

「Copilot」に注力するマイクロソフト

図2 2023年11月の開発者イベントで「Copilot for Microsoft 365」を説明するマイクロソフトのサティア・ナデラCEO。「マイクロソフトはCopilotカンパニーだ」と語り、Copilotを軸としたAI事業に注力することを鮮明にした

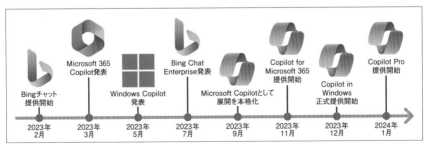

図3 生成AIに関するマイクロソフトの主な動き。検索サービス「Bing」にチャットAIを導入したのを皮切りに、「Microsoft 365」のOfficeアプリやWindows 11などに「Copilot」の名称でAIアシスタント機能を搭載することを発表。2023年9月には「Microsoft Copilot」というブランドで本格展開を開始し、同年11月にはBingチャットも「Copilot」へと名称を変更した

「Copilot」は英語で"副操縦士"のこと。ユーザーがパソコンを操作したり、課題を解決したりするのを隣で支援する"AIアシスタント"の役目を果たすという意味の名称だ。マイクロソフトはCopilotを同社の製品やサービスに幅広く展開し、中核事業にする方針。同社のサティア・ナデラCEOは、「マイクロソフトはCopilotカンパニーだ。将来は、誰が何をするときでも、そこにCopilotがいるようになると確信している」と鼻息が荒い。

日常生活でもビジネスでもいろいろ頼れる"副操縦士"

Copilotの中には、開発者やIT管理者に向けた製品もあるが、一般のビジネスパーソンが普段から利用できるものとして、Webサイトやブラウザーの「Edge（エッジ）」、そしてWindows 11で使えるCopilotがある。

加えて、有料で提供されているのがWord、PowerPoint、Outlook、ExcelといったOfficeアプリ向けのCopilotだ。この有料版では、文書やプレゼン資料、メールなどの下書きから、データの分析や可視化まで、各アプリに特化した機能が追加されていて、業務の効率化や生産性の向上が大いに期待できる（図4）。

さまざまなアプリ／サービスでCopilotが使える

名称	主な用途
Copilot	マイクロソフトが手がけるAIアシスタント機能の総称。情報の検索、会話、コンテンツ生成などの機能を備える。アプリやサービスに組み込まれるほか、専用のWebサイトや「Bing」サイト上でも利用できる
Copilot in Windows	Windowsに搭載されるCopilot。情報の検索、会話、コンテンツ生成などのほか、Windowsの設定変更やアプリの起動などができる
Copilot in Edge	ブラウザーのEdgeで利用できるCopilot。情報の検索、会話、コンテンツ生成などのほか、表示しているページやPDFの要約も可能
Copilot in Word	Wordに搭載されるCopilot。文書の下書き、文章の書き直し、アイデアの提案、表の作成、文書の要約などができる
Copilot in Excel	Excelに搭載されるCopilot。「テーブル」を対象に、データの集計・分析、グラフ作成、視覚化などができる
Copilot in PowerPoint	PowerPointに搭載されるCopilot。プレゼンテーションスライドの作成・デザイン、ノートの作成、スライドの要約などができる
Copilot in Outlook	Outlookに搭載されるCopilot。メールの下書き、文章表現の指導、メールやスレッドの要約などができる
Copilot in Teams	Teamsに搭載されるCopilot。会議の内容やチャットの要約、タスクの整理などができる

図4 「Copilot」のブランドで統一されているマイクロソフトのAIアシスタント機能だが、個別のアプリに搭載されているものは「Copilot in アプリ名」といった形で呼ばれる。通常のAIチャットのほか、アプリに特化した機能も備える

第1章では、このうち無料のCopilotの使い方や活用のコツを解説する。Officeアプリ向けのCopilotについては第5章で取り上げる。

有料版は法人向けと個人向けの2種類

有料版には、法人向けのCopilot for Microsoft 365と、個人向けの「Copilot Pro」がある。法人向けのCopilotは、オンライン会議アプリの「Teams（チームズ）」でも利用できるほか、ビジネス向けの「OneDrive（ワンドライブ）」などに保存された組織内データへアクセスできるなど、より高度な活用が可能だ。さらに、Copilotが生成したコンテンツが著作権を侵害していた場合に、その補償をマイクロソフトが行うといった法的なサポートも充実。業務利用に必要な信頼性が高められている（**図5**）。

Copilot for Microsoft 365は、法人向けのMicrosoft 365の契約が前提で、そのオプションとして提供されている。一方、Copilot Proは単体でも契約でき、Web上で使えるオンライン版OfficeでもCopilotを利用可能。Microsoft 365 PersonalまたはFamilyの契約があれば、デスクトップ版のOfficeアプリ上でCopilotを利用できる。

無料のCopilotと有料のCopilotの主な違い

	Copilot (Web、Edge、Windows)	Copilot Pro	Copilot for Microsoft 365
対象ユーザー	個人／法人	個人	法人
価格（1ユーザー当たり）	無料	月額3200円	年額4万9500円
AIによるWeb検索、会話、コンテンツ生成	○	○	○
Word、Excel、PowerPoint、Outlookでの利用	－	○	○
上記Officeアプリで使用するために別途必要な契約	－	Microsoft 365 Personal/Family	法人向けのMicrosoft 365
Teamsでの利用	－	－	○
組織内のデータへのアクセス	－	－	○
知的財産権に関する補償	－	－	○

図5 Web上やEdge、Windowsで使える無料のCopilotと、有料のCopilotの違い。Copilot Proは個人向けで、オンライン版OfficeでCopilotが使えるほか、Microsoft 365 Personal/Familyの契約があれば、デスクトップ版OfficeでもCopilotを利用できる。一方、法人向けのCopilot for Microsoft 365ではTeamsでCopilotを使ったり、組織内のデータをCopilotに学習させて、それについて質問することなども可能だ

Section 02 Web、Edge、Windowsでは誰でも無料で利用できる

　前項で説明した通り、マイクロソフトはCopilotをさまざまなアプリやサービスで提供している。そのため、ひと口にCopilotといっても、どのようなアプリで使えるのか、無料なのか有料なのかなど、複雑でわかりにくい。そこで、一般のユーザーが身近に使えるCopilotを念頭に、大まかな種類や違いを確認しておこう。

ブラウザーでアクセスして使うCopilot

CopilotのWebサイト
https://copilot.microsoft.com/

Bing検索の一部として提供
https://www.bing.com/chat/

図1　専用のWebサイトや検索サービス「Bing」の一部として提供されているCopilotは、Webブラウザーでアクセスすることで無料で誰でも利用できる

WebサイトやEdgeでは誰でも無料で使える

まず利用したいのは、誰でも無料で使えるCopilot。これには、大きく分けて3種類ある。Webサイト上で提供されるもの、Edgeに搭載されているもの、Windows 11に搭載されているものだ（**図1、図2**）。EdgeのCopilotは「Copilot in Edge」、WindowsのCopilotは「Copilot in Windows」とも呼ばれる。

CopilotはWindows 11限定の機能ではなく、Webサイト上やEdgeで提供されているCopilotは、Windows 10でも使える。WebのCopilotは専用サイトで公開されているほか、検索サービスBingの一機能としても提供されている。グーグルの「Chrome（クローム）」など、Edge以外のWebブラウザーでも利用できるので汎用性が高い。

EdgeやWindows 11に搭載されたCopilot

図2 Webブラウザーの「Edge」やWindows 11には、標準機能としてCopilotが搭載されている。Windows 10にもCopilotを搭載する計画があり、2024年3月以降、順次提供される見込みだ

なお、マイクロソフトはWindows 10に対してもCopilot in Windowsを搭載する計画を明らかにしていて、2024年3月以降、順次展開される見込みだ。

メニューや機能に微妙な違いも

チャット形式で質問や相談をするとAIがそれに答えてくれるという点では、WebのCopilotも、EdgeやWindowsのCopilotも基本的に同じだ。ただし、それぞれメニューや機能に微妙な違いもある。

例えば、WebのCopilotには「ノートブック」というタブがあり、チャットではなく入力欄と回答欄という形式で、AIに文章の生成などを依頼できる。EdgeのCopilotには「作成」タブが用意されていて、特にWeb上で文書やメール、ブログなどを書く際に下書きをまかせることができる（**図3**）。一方、Windows 11のCopilotには、Windowsの設定を変えたりアプリを起動したりする機能がある。それぞれ独自の特徴があるので賢く使い分けたい。

Edgeには「作成」機能がある

図3 図1、図2のCopilotは共通のチャット機能を利用でき、履歴も共有される。このうちEdgeのCopilotには、文章の下書きやアイデアの生成を頼める「作成」というタブが用意されている

Section 03 WebのCopilotを活用 会話形式で質問すればOK

　ここからは、Copilotの具体的な使い方を基本から見ていこう。誰でもアクセスして使えるWebサイトのCopilotを例にとるが、EdgeやWindowsのCopilotもほぼ同様に利用できる。

　Copilotを利用する際は、無料のMicrosoftアカウントまたは企業などの組織アカウントでサインインしておくとよい（**図1**）。すると、質問や回答の内容が保存され後か

サインインして利用するのが基本

図1 下記URLのCopilotのWebサイトを開いたら、右上にある「ログイン」をクリック（❶）。利用するアカウントの種類を選んで（❷）、サインインする

https://copilot.microsoft.com/

会話のスタイルを選択

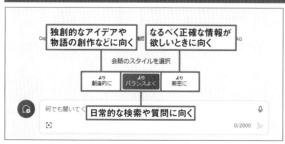

図2 質問する前に、会話のスタイルを選ぶ。通常は「よりバランスよく」でよいが、創造性を重視するか、正確さを重視するかで使い分けよう

19

ら参照できるほか、組織アカウントでサインインした場合は、ライセンスに応じた追加機能なども利用できる。

　Copilotでは、チャット形式で質問や相談を入力・送信するのが基本。ただその前に、「会話のスタイル」を選択することもできる（前ページ**図2**）。通常は「よりバランスよ

質問を入力して送るだけ

図3 画面下方にあるメッセージの入力欄に、質問や要望を入力し（❶）、送信ボタンを押す（❷）。入力の途中で「Enter」キーを押しても送信されてしまうので注意しよう。送信すると、パラパラと回答が表示されてくる（❸）

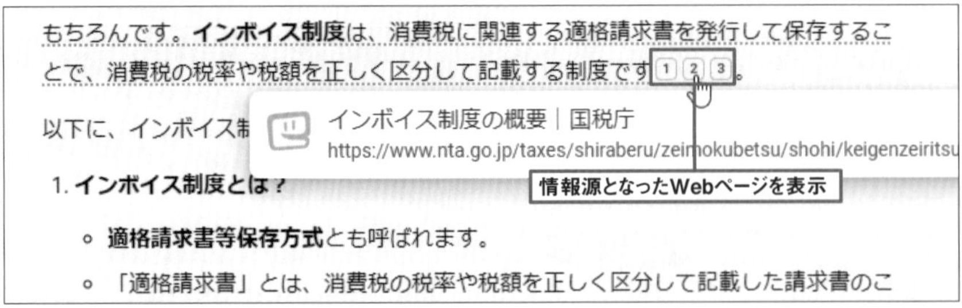

図4 回答の中に含まれる注釈番号にマウスポインターを合わせると、情報源となっているWebページの名前とURLがポップアップする。クリックするとそのWebページを開いて確認できる。回答の末尾にも、同じ番号とリンクが示される

く」のままで問題ないが、アイデアの提案や創作を依頼するときは「より創造的に」、正確性を重視するときは「より厳密に」を選ぶとよい。

　質問などは、人と会話をするような自然な言葉で入力して構わない。例えば「インボイス制度について教えて」と聞くと、インボイス制度の概要を説明してくれる（**図3**）。文中にある注釈番号にマウスポインターを合わせると、情報源として参考にしたWebページの名前とリンクが表示される（**図4**）。クリックすると当該ページを開けるので、さらに詳しい情報を参照したり、Copilotの説明が本当に正しいかを確認したりできる。

　便利なのは、Copilotが前の会話の内容を覚えていて、その文脈に沿った回答をしてくれることだ。例えば、先ほどの質問に続いて「個人事業主に対するデメリットは？」と尋ねると、前回質問したインボイス制度に関する内容だと理解して回答してくれる（**図5**）。最初の回答がピンとこなかった場合は、追加の質問をして内容を深めていけばよい。

続けて質問もできる

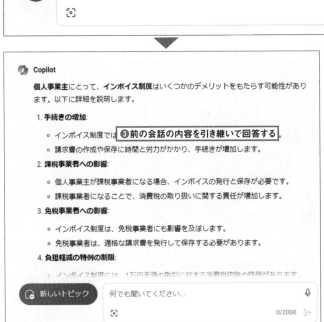

図5 回答を得た後で、続けて質問することも可能。その場合、人と会話する際のように、前の質問や回答を前提にしてやり取りを続けられる。今回の例では、最初に「インボイス制度」について質問したので、続けて「個人事業主に対するデメリットは?」と聞くだけで、インボイス制度の個人事業主におけるデメリットを答えてくれる（❶～❸）

21

Section 04 Copilotの回答を WordやExcelにエクスポート

Copilotから得られた回答をWordやExcelに転記して活用することも可能だ。単純にコピー・アンド・ペーストして使うこともできるが、Web版のCopilotには「エクスポート」という便利な機能がある（**図1**）。

回答の下にある「エクスポート」ボタンを押してメニューから「Word」を選ぶと、回答の内容がWord形式で保存され、オンライン版のWordで開く（**図2**）。そのまま編集を続けてもよいし、ファイルとしてダウンロードすることもできる。

Copilotに「表形式でまとめて」のように依頼すると、回答が表形式で出力されることも覚えておこう。WebのCopilotでは右上にExcelのアイコンが表示される。これをク

Copilotの回答はWord形式で出力できる

- インボイス制度についての知識が必要です。
- 正確な請求書を作成するために、税率や税額の計算方法を理解する
  す。

総じて、インボイス制度は個人事業主にとって新たな負担をもたらす一方金の取り扱いを促進する役割を果たしています。

エクスポート

Word ❷
PDF
Text

新しいトピ　　　も聞いてください...

図1 WebのCopilotによる回答の下には、下向き矢印の「エクスポート」ボタンがある（❶）。これをクリックするとメニューが開き、回答をWordファイルやPDFファイル、あるいはテキストファイルに変換することができる（❷）

リックするとExcel形式で保存され、オンライン版のExcelで開く（次ページ**図3**）。Copilotが生成した情報をExcelで整理し直したり、分析したりすることができ便利だ。

　なお、生成されたコンテンツの著作権には注意したい。特にネットの情報を基に生成された回答の場合、そのまま使用すると著作権の侵害になるような内容が含まれているかもしれない。あくまでも参考にしたり、下書きの一部として利用したりする程度にとどめるのが無難だろう。

オンライン版のWordで開かれる

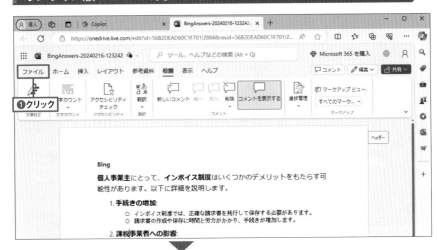

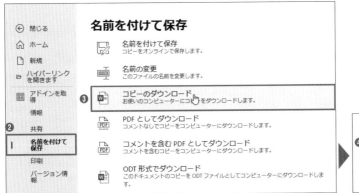

図2 図1のメニューで「Word」を選ぶと、回答がオンライン版のWordで開く。このWord文書は、利用中のアカウントのOneDrive上にファイルとして保存されている。ファイルをダウンロードするには、「ファイル」タブをクリックして（**❶**）、開くメニューで「名前を付けて保存」→「コピーのダウンロード」を選ぶ（**❷❸**）。すると、標準では「ダウンロード」フォルダーに保存される（**❹**）

表形式ならExcelに転送できる

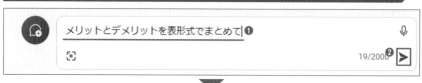

メリットとデメリットを表形式でまとめて❶

19/2000❷

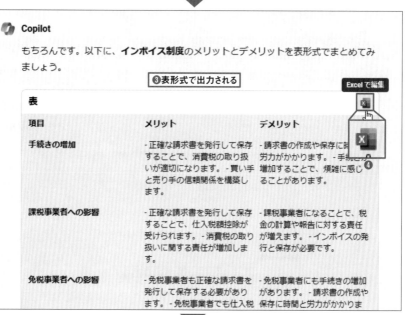

Copilot

もちろんです。以下に、**インボイス制度**のメリットとデメリットを表形式でまとめてみましょう。

❸表形式で出力される

Excel で編集

項目	メリット	デメリット
手続きの増加	- 正確な請求書を発行して保存することで、消費税の取り扱いが適切になります。- 買い手と売り手の信頼関係を構築します。	- 請求書の作成や保存に時間労力がかかります。- 手続きが増加することで、煩雑に感じることがあります。
課税事業者への影響	- 正確な請求書を発行して保存することで、仕入税額控除が受けられます。- 消費税の取り扱いに関する責任が増加します。	- 課税事業者になることで、税金の計算や報告に対する責任が増えます。- インボイスの発行と保存が必要です。
免税事業者への影響	- 免税事業者も正確な請求書を発行して保存する必要があります。- 免税事業者でも仕入税	- 免税事業者にも手続きの増加があります。- 請求書の作成や保存に時間と労力がかかりま

❹

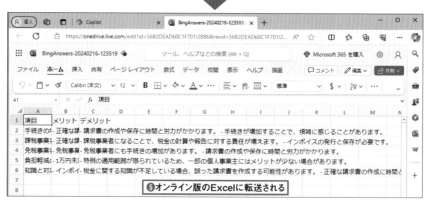

❺オンライン版のExcelに転送される

図3 質問するときに「表形式でまとめて」とお願いすると（❶❷）、回答を表の形にまとめてくれる（❸）。その場合、表の右上隅にExcelのアイコンが表示され（❹）、これをクリックすることで表をオンライン版のExcelに転送できる（❺）。こちらもファイルはOneDriveに保存されるので、必要に応じてダウンロードしよう

Column 話題を変えるなら「新しいトピック」 過去の会話は履歴から呼び出せる

Copilotは会話の流れに沿って回答するので、急に異なる話題を振ると、前の会話を引きずって誤った回答をすることもある。そこで、別の話題に切り替えるときは、「新しいトピック」を押して会話をリセットしよう（図A）。その場合も、前の会話は履歴として保存され、後からでも参照できる。まとめてエクスポートしたり、ほかの機器で会話を続けたりすることも可能だ（図B）。

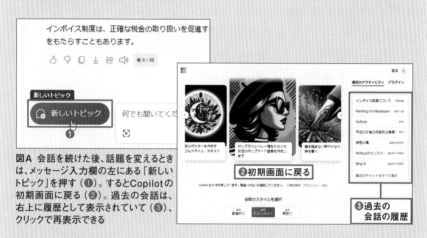

図A 会話を続けた後、話題を変えるときは、メッセージ入力欄の左にある「新しいトピック」を押す（❶）。するとCopilotの初期画面に戻る（❷）。過去の会話は、右上に履歴として表示されていて（❸）、クリックで再表示できる

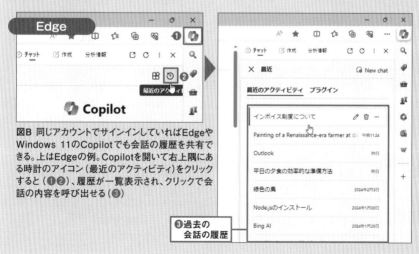

図B 同じアカウントでサインインしていればEdgeやWindows 11のCopilotでも会話の履歴を共有できる。上はEdgeの例。Copilotを開いて右上隅にある時計のアイコン（最近のアクティビティ）をクリックすると（❶❷）、履歴が一覧表示され、クリックで会話の内容を呼び出せる（❸）

期待通りの回答を得るには
質問の仕方を工夫する

Copilotに質問をしてみたが、期待通りの回答を得られなかった——。そんなことが続くと、「やっぱりAIなんて役に立たない」とがっかりするだろう。しかし、Copilotがうまく答えられないのは、あなたの質問の仕方が悪いからかもしれない。質問する際には、あなたがどのような回答をどのような形式で求めているのかを、できるだけ具体的に指定する必要がある。Copilotを使いこなすためには、ただ漠然と質問や相談をするのではなく、回答の長さや形式、文体なども指定するのがポイントだ（**図1**）。

回答の長さや形式を指定する

簡単な例から紹介していこう。例えば、「生成AIのメリットを教えて」のように単に「教えて」とだけ依頼すると、Copilotはそれなりの長さでしっかりと解説してくれる（**図2**）。ただ、そこまで詳しい必要はなく、要点を知りたいだけの場合もあるだろう。そんなときは「100文字以内で説明して」のように文字数を指定しよう（**図3**）。すると文字数に合わせて簡潔に回答してくれる。

Copilotによる説明の文章が難解だと感じたら、「小学生でもわかるように説明して」と付け加えて聞き直してみよう。すると、文字通り小学生でもわかるような平易な

回答の長さや形式も指定すると効果的

● **回答の長さを指定する**
「詳しく」「簡潔に」「200文字以内で」「5個挙げて」
● **回答の形式を指定する**
「箇条書きにして」「表形式で出力して」「具体例を挙げて」
● **回答の文体を指定する**
「カジュアルな文体で」「小学生でもわかるように」
「ビジネス口調で」「関西弁で」

図1　回答の長さに加えて、「箇条書き」「表形式」などと回答の形式を指定したり、「カジュアル」「ビジネス」などの文体を指定したりすることも可能だ。左は指定するときの書き方の例

「100文字以内」で簡潔にまとめてもらう

 生成AIのメリットを教えて **❶**

 送信
13/2000 **❷**

↓

 Copilot 　**❸回答が表示された**

生成AI（ジェネレーティブAI）は、学習したデータを元に自動的にコンテンツを生成するAIです。画像、文章、音楽、図面、プログラミングのコードなど、さまざまな種類のコンテンツを生み出すことができます。以下に、生成AIのメリットをいくつか紹介します。

1. **自動化による効率化**: 生成AIは繰り返し作業を自動化できるため、効率的なコンテンツ生成が可能です。例えば、広告のバリエーション作成や商品説明の自動生成などがあります。
2. **クリエイティブな内容の生成**: 生成AIは新しいアイデアやデザインを提案できます。例えば、画像生成AIは美術作品やデザインのアイデアを提供し、文章生成AIは詩や物語を創作できます。
3. **大量のデータに対する高速処理**: 生成AIは短時間で大量 **回答が長くて読むのが大変** ます。これは、広告キャンペーンやウェブサイトのコンテンツ更新などに有用です。
4. **継続的な進化**: 生成AIは学習データを元に成長していくため、新しいトレンドやニーズに適応できます。常に最新の情報を反映させることができます。
5. **コスト削減**: 生成AIを活用することで、人的リソースを節約できます。例えば、カスタマーサポートの自動応答やコンテンツ制作の自動化により、人件費を削減できます。
6. **多様な言語への適応**: 生成AIは複数の言語に対応できます。国際的なビジネス展

図2 例えば「生成AIのメリットを教えて」などと漠然とした質問をする（❶❷）。この場合、Copilotはひと通り必要な情報をすべて盛り込んで回答をするので、読むのが大変になることがある（❸）

 詳しいのはいいけど要点がわからん

 生成AIのメリットを100文字以内で説明して

❶文字数を指定して指示する

🎤
22/2000 **❷** ＞

↓

 Copilot 　**❸100文字以内で回答が表示された**

生成AIは効率的なコンテンツ生成、クリエイティブなアイデア提案、大量データ処理、継続的進化、コスト削減、多言語対応などのメリットがあります。

👍 👎 🗐 ⤓ ↪ 🔊 　● 4 / 30

(?) [生成AIのデメリットは何ですか？] [どうやって生成AIを作成しますか？]

図3 手短に説明してもらいたいときは、「100文字以内で」「簡潔に」などの言葉を追加すると、それに応じた長さで回答してくれる（❶〜❸）。大ざっぱな意味や内容を知りたいときは、長さを指定するとよい

言葉でやさしく説明してくれる（**図4**）。

　回答に含めてほしい要素を列挙するのも有効だ。「物流の2024年問題」について質問した**図5**の例では、「次の点をそれぞれ箇条書きで説明して」と入力して改行し、「原因、関係する業種、政府の対策、企業にできること」と列挙した。すると、これらの要素について項目を立てて、それぞれ箇条書きで説明してくれた。

　なお、入力欄の中で改行するには「Shift」キーを押しながら「Enter」キーを押せ

平易な言葉で解説してもらう

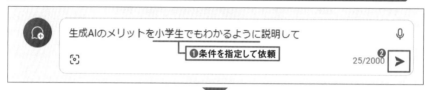

生成AIのメリットを小学生でもわかるように説明して

❶条件を指定して依頼

25/2000 ❷

Copilot　❸わかりやすい言葉で回答が表示された

もちろんです！小学生にもわかりやすく、生成AIのメリットを説明しますね。

1. **自動でコンテンツを作成できる**: 生成AIは、自動的に絵や文章、音楽などを作ることができます。例えば、お絵かきをするAIや物語を書くAIがあります。

2. **たくさんのデータを処理できる**: 生成AIは、たくさんの情報を素早く処理できます。これは、大きな問題を解決するのに役立ちます。

3. **アイデアを提案してくれる**: 生成AIは、新しいアイデアを考えてくれます。例えば、どんな絵を描いたら面白いか、どんな歌を作ったらいいかを教えてくれます。

4. **お金を節約できる**: 生成AIを使うと、人にお金を払わずにコンテンツを作成できます。たとえば、広告のポスターを作るときに便利です。

5. **いろんな言語で使える**: 生成AIは、日本語や英語など、いろんな言語で使えます。世界中の人とコミュニケーションするのに便利です。

生成AIは、未来の技術の一部であり、ますます進化していくことでしょう！

● 5 / 30

生成AIのデメリットは何ですか？　　どうやって生成AIを作成しますか？

図4「小学生でもわかるように」と付け加えると、平易な言葉でより簡単に説明してくれる（❶〜❸）。一度得た回答が難しかったときに、「小学生でもわかるようにやさしく説明して」などと追加でお願いしてもよい

必要な要素を別途指定する

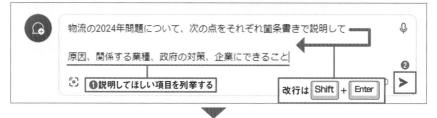

物流の2024年問題について、次の点をそれぞれ箇条書きで説明して

原因、関係する業種、政府の対策、企業にできること

❶説明してほしい項目を列挙する

改行は Shift + Enter

❷

Copilot

❸指定した事柄について
それぞれ解説してくれた

もちろん、物流の2024年問題について詳しく説明しますね。以下は要点を箇条書きで説明します。

1. 原因:

- **働き方改革関連法**により、2024年4月1日以降、トラックドライバーの時間外労働時間の上限が年間960時間に制限されることが主な原因です。この規制により、物流業界に様々な問題が発生しています。

2. 関係する業種:

- 物流業界全般が影響を受けます。具体的には、運送会社、荷主（メーカーや製造業者）、一般消費者まで、社会全体に深刻な影響を及ぼす問題です。

3. 政府の対策:

- 政府は「置き配」を選んだ消費者へのポイント還元策などを盛り込んだ緊急対策をまとめています[1]。
- また、物流の効率化の実証事業や再配達の削減など、具体的な対策を進めています[2]。

4. 企業にできること:

- **労働環境改善**: ドライバーの給与改善や労働時間の適正化など、ドライバーの働きやすい環境を整えることが重要です。
- **業務効率化**: ITやデジタルツールの活用により、効率的な運送を実現し、生産性を向上させましょう。
- **情報システムの導入**: DX（デジタルトランスフォーメーション）を進めて、物流業務の効率化と品質向上を図りましょう[3]。

物流の2024年問題は、私たち全員に関わる重要な課題です。努力と協力により、持続可

図5 回答に盛り込んでもらいたい事柄があるときは、「次の点を説明して」などと書いたうえで改行し、必要な項目を列挙するとよい（❶❷）。すると、それらの項目を説明に加えてくれる（❸）。なお、質問の途中で改行するには、「Shift」キーを押しながら「Enter」キーを押す

ばよい。単に「Enter」キーを押すと送信されてしまうので注意しよう。

見出しを立てて、処理対象や条件を指定

　必要な要素や処理の対象、条件などを指定する際、見出しを立てて別途指定するのも効果的。「##文章」のように記号と見出しを付けて、その後に指定する手法がよく使われる。**図6**では、「次の文章を英語に翻訳して」と依頼したうえで、「##文章」という見出しの後に、翻訳してほしい日本語の文章を入力した。

　さらに、「あなたは優秀なコピーライターです」などと書いてCopilotに"役割"を与えると、それになりきって回答してくれるので、狙った答えを得やすくなる。**図7**では、ある商品のキャッチコピーを考えてもらうために、Copilotに「優秀なコピーライター」の役割を与え、商品やその特徴、顧客ターゲットなどを箇条書きで指定した。すると、参考になりそうなキャッチコピーを指定した数だけ提案してくれた。

処理対象や条件には見出しを付ける

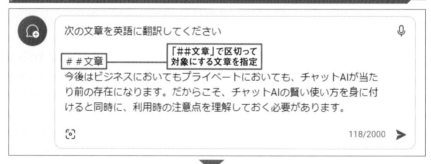

図6　質問文や依頼文とは別に素材や条件を指定する場合、「##文章」などと記号を付けた見出しを入力して区切ることで、狙い通りの回答を得やすくなる。上の例では、「次の文章を…」という依頼文とは別に、その文章を「##文章」という見出しで区切って示した

特定の役割を演じさせる

あなたは優秀なコピーライターです。
次のような商品のキャッチコピーを10個考えてください。

> 「優秀なコピーライター」という
> 役割を与えて、キャッチコピーの
> アイデアを依頼

＃＃商品
携帯型の扇風機

＃＃特徴
・音が静かで風がなめらか
・コンパクトで場所を取らない
・バッテリー内蔵で長時間使える
・シンプルなデザインでおしゃれ
・価格もリーズナブル

> 「＃＃」で見出しを立てて、
> 必要な情報や条件を与える

＃＃顧客ターゲット
・10代から30代の女性

Copilot

もちろん、喜んでお手伝いします！携帯型の扇風機にぴったりのキャッチコピーを
10個ご提案いたします。

> 指定した条件に即した
> キャッチコピーが提案された

1. **「静寂の風、どこでも。」**

   ○ 静かな音と滑らかな風で、どこでも快適な涼しさを。

2. **「コンパクトな風の味方。」**

   ○ スペースを取らずに、心地よい風を手に入れましょう。

3. **「バッテリーで快適な風を。」**

   ○ 長時間使えるバッテリー搭載で、暑い日も快適に。

4. **「シンプルなデザイン、おしゃれな風。」**

   ○ おしゃれなデザインで、涼しさをスタイリッシュに。

5. **「リーズナブルな価格で、涼しさを手に。」**

   ○ 予算にやさしい価格で、快適な風を楽しもう。

6. **「風の魔法、手のひらサイズ。」**

図7「あなたは優秀なコピーライターです」などと宣言して、Copilotに一定の役割を演じてもらうのも手だ。すると、Copilotが役になりきって回答してくれる。専門的な内容の解説や、アイデアの提案など創造的な依頼をするときに効力を発揮する

Section 06 長文を扱いやすい「ノートブック」で文書作成

WebのCopilotが備える便利な機能が「ノートブック」だ。この画面に切り替えると、左側の欄に入れた質問や依頼に対して、右側の欄に回答が表示される（**図1**）。入力欄と回答欄が大きいので、長い文章でも快適に入力・閲覧できる。ユーザーによっては、入力欄と回答欄が上下にレイアウトされる場合もある。

注目したいのは、入力欄の仕様。チャットの画面とは異なり、「Enter」キーで改行できるようになっている（**図2**）。チャットの入力欄で改行しようと「Enter」キーを押した結果、途中で送信されて慌てた経験はないだろうか。ノートブックの入力欄ではそのようなことがなく、長文も快適に入力できる。チャットの入力欄では、改行に「Shift」+「Enter」キーを使うが、ノートブックでは「Shift」+「Enter」キーで送信することになる。

「ノートブック」なら入力欄も回答欄も広く使える

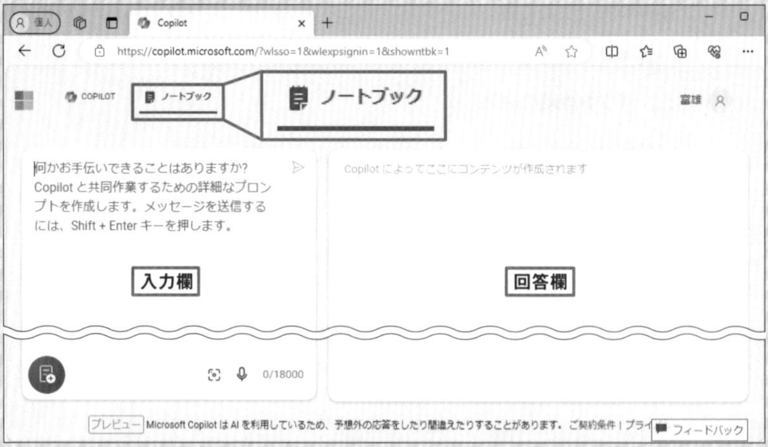

図1 CopilotのWebサイトやBingのCopilotページで「ノートブック」タブを選ぶと、上のような画面が開く。この画面では、左の欄に質問や要望を入力して送信すると、右の欄に回答や結果が出力される。なお、環境によっては画面の上部に入力欄、下部に回答欄が表示される

セールの案内状を作成する

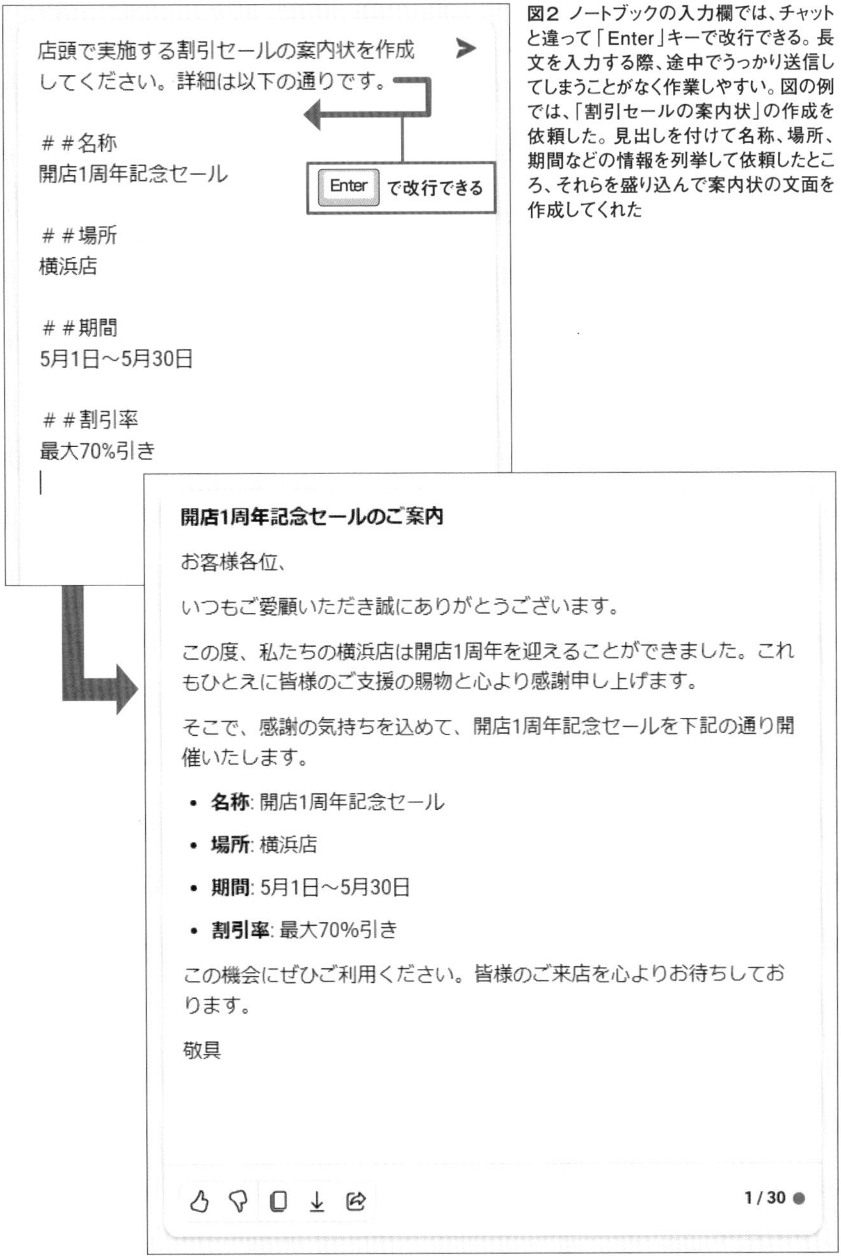

店頭で実施する割引セールの案内状を作成
してください。詳細は以下の通りです。

＃＃名称
開店1周年記念セール

＃＃場所
横浜店

＃＃期間
5月1日〜5月30日

＃＃割引率
最大70%引き

Enter で改行できる

図2 ノートブックの入力欄では、チャットと違って「Enter」キーで改行できる。長文を入力する際、途中でうっかり送信してしまうことがなく作業しやすい。図の例では、「割引セールの案内状」の作成を依頼した。見出しを付けて名称、場所、期間などの情報を列挙して依頼したところ、それらを盛り込んで案内状の文面を作成してくれた

開店1周年記念セールのご案内

お客様各位、

いつもご愛顧いただき誠にありがとうございます。

この度、私たちの横浜店は開店1周年を迎えることができました。これもひとえに皆様のご支援の賜物と心より感謝申し上げます。

そこで、感謝の気持ちを込めて、開店1周年記念セールを下記の通り開催いたします。

- **名称**: 開店1周年記念セール
- **場所**: 横浜店
- **期間**: 5月1日〜5月30日
- **割引率**: 最大70%引き

この機会にぜひご利用ください。皆様のご来店を心よりお待ちしております。

敬具

1 / 30 ●

　また、チャットの入力欄では「よりバランスよく」の場合には2000文字まで、「より創造的に」と「より厳密に」の場合でも4000文字までしか入力できない。これに対し、ノートブックでは1万8000文字まで入力できる点もメリットだ。

　回答をWordなどにエクスポートして活用できるのは、チャットでの回答と同様（**図3**）。回答の下に表示される「エクスポート」ボタンを押して「Word」を選択すると、オ

生成した文面をWord文書に変換

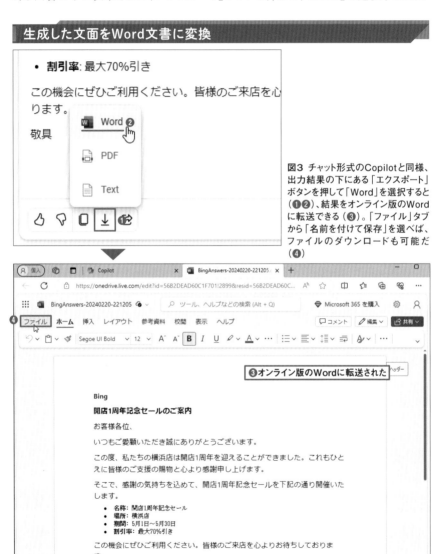

図3　チャット形式のCopilotと同様、出力結果の下にある「エクスポート」ボタンを押して「Word」を選択すると（❶❷）、結果をオンライン版のWordに転送できる（❸）。「ファイル」タブから「名前を付けて保存」を選べば、ファイルのダウンロードも可能だ（❹）

イベントの企画書を作成する

商店街で実施する夏祭りの企画書を作成してください。夏祭りに適したイベントやゲームなど、参加者が楽しめる内容を提案してください。

図4 イベントの企画書などを下書きしてもらうこともできる。図は「商店街で実施する夏祭りの企画書」を依頼した例。「夏祭りに適したイベントやゲーム」の提案も頼んだら、屋台、ゲーム、ライブパフォーマンス、ワークショップ、ビンゴ大会の提案を含む企画書を作成してくれた

商店街夏祭り企画書

1. **目的**
   - 地域コミュニティの強化
   - 商店街の活性化
   - 夏の楽しみとしての祭りの提供
2. **日時**
   - 2024年8月中旬の土曜日と日曜日（具体的な日程は後日決定）
3. **場所**
   - 商店街全体（特定の店舗でのイベントも含む）
4. **主なイベントとアクティビティ**
   - **屋台**：飲食店や地元の食材を使った料理の販売。焼きそば、たこ焼き、かき氷などの定番メニューから、地元特産の食材を活用したオリジナルメニューまで。
   - **ゲーム**：金魚すくいや射的などの伝統的な祭りのゲーム。子供から大人まで楽しめるように、さまざまな難易度と景品を用意。
   - **ライブパフォーマンス**：地元の音楽グループやダンスチームによるパフォーマンス。また、参加者が自由にステージを使えるオープンマイクの時間も設ける。
   - **ワークショップ**：地元の工芸品作りや伝統芸能の体験など

ンライン版のWordで回答が開く。「ファイル」タブをクリックして「名前を付けて保存」から「コピーのダウンロード」を選べば、パソコンにWordファイルを保存できる。

文書の下書きに最適! 会話のスタイルも選べる

　このように長文の入力や出力に適したノートブックは、文書やメールの下書きなどに威力を発揮する。例えば、前ページ**図4**では「商店街で実施する夏祭りの企画書」の作成を依頼した。イベントやゲームなどの提案を含めるようにお願いすると、「目的」「日時」「場所」「主なイベントとアクティビティ」「予算」「期待する効果」という6項目をまとめた企画書を作成してくれた。

　日時や場所などはCopilotが勝手に想定したものだが、企画書に盛り込む要素として何が必要なのかがわかる。これをWordにエクスポートして、実際の日時や場所、イベントなどを書き込んでいけば、短時間で効率良く企画書を作成できるだろう。イベントのアイデアとしては、屋台、ゲーム、ライブパフォーマンス、ワークショップなどを提案してくれた。これらも具体的で参考になるに違いない。

　このノートブックでも、「会話のスタイル」を指定することは可能だ。それには通常のチャット画面で「会話のスタイル」を選択した後、ノートブックの画面に切り替えればよい。すると、ノートブックでもそのスタイルで回答を得られる（**図5**）。文書やメールの文面を考えてもらうときは、「より創造的に」を使うと効果的だ。

ノートブックでの会話のスタイルを切り替える

図5　ノートブックで使用する会話のスタイルを変更することも可能。それには、通常のチャット画面で「より創造的に」などのスタイルを選んだ後（❶）、「ノートブック」タブに切り替える（❷）。すると送信ボタンなどの色で、スタイルが切り替わっていることがわかる

顧客へのお詫び状を作成する

以下の事情を踏まえて、顧客にお詫びをする文書を作成してください。 ➤

・3月10日に納品した商品「BESTPC-55」に不具合があった
・部品の取り換えが必要なので、商品を返却、交換させていただきたい
・商品の引き取りにうかがうので、ご都合のよい日時を事前に確認したい
・来週中に確認のお電話をします
・担当は製品サポート部　田村となります

お客様へ

この度は、弊社製品「BESTPC-55」をご購入いただき、誠にありがとうございます。しかしながら、3月10日に納品させていただいた商品に不具合が発生したこと、心よりお詫び申し上げます。

商品の不具合については、部品の取り換えが必要となります。そのため、大変お手数をおかけしますが、商品の返却・交換をさせていただきたく存じます。お客様のご都合に合わせて、商品の引き取りをさせていただきますので、ご都合のよい日時を事前にお知らせいただけますと幸いです。

来週中に、弊社製品サポート部の田村より、確認のお電話をさせていただきます。お忙しい中恐縮ですが、何卒よろしくお願い申し上げます。

この度はご迷惑をおかけし、誠に申し訳ございません。今後とも、より良いサービスを提供できるよう努めてまいります。

敬具

図6 「顧客にお詫びをする文書」を作成してもらった例。「以下の事情を踏まえて」と断ったうえで、事情を説明する内容を箇条書きして依頼した。すると丁寧なお詫びの文章にまとめてくれた

前ページ**図6**は、顧客に宛てたお詫びの文面を考えてもらった例。「以下の事情を踏まえて…」のように依頼文を書いた後、事情や対応の方針などを箇条書きで列挙して送信した。すると、それらを内容に含めた丁寧な謝罪文を作成してくれた。

翻訳や要約などのテキスト処理に便利

ノートブックの質問欄には最大1万8000文字まで入力できるので、文章の翻訳や要約、分析などのテキスト処理にも威力を発揮する。

長文からキーワードを抜き出す

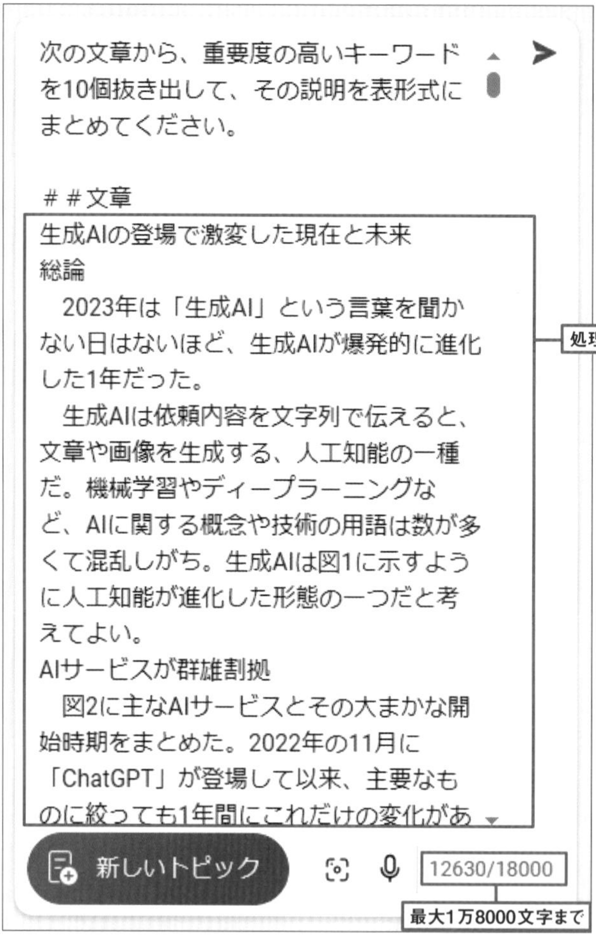

次の文章から、重要度の高いキーワードを10個抜き出して、その説明を表形式にまとめてください。

＃＃文章

生成AIの登場で激変した現在と未来
総論
　2023年は「生成AI」という言葉を聞かない日はないほど、生成AIが爆発的に進化した1年だった。
　生成AIは依頼内容を文字列で伝えると、文章や画像を生成する、人工知能の一種だ。機械学習やディープラーニングなど、AIに関する概念や技術の用語は数が多くて混乱しがち。生成AIは図1に示すように人工知能が進化した形態の一つだと考えてよい。
AIサービスが群雄割拠
　図2に主なAIサービスとその大まかな開始時期をまとめた。2022年の11月に「ChatGPT」が登場して以来、主要なものに絞っても1年間にこれだけの変化があ

処理対象の文章を貼り付ける

新しいトピック　12630/18000

最大1万8000文字まで

図7　ノートブックでは、入力欄に1万8000文字まで入力できるのも利点。図の例では、1万2500文字程度の文章をコピーし、「＃＃文章」という見出しの後に貼り付けて処理の対象に指定した。この中から10個の重要なキーワードとその説明を表にまとめるように依頼した

図7は、「##文章」という見出しの下に貼り付けたテキストから、重要なキーワードを10個抜き出して、その説明を表にまとめるように依頼した例だ。文章は1万2500文字ほどあったが、その中からキーワードを抽出して解説文とともに表にまとめてくれた（**図8**）。

表の右上にあるExcelのアイコンをクリックすれば、オンライン版のExcelが開き、Excelファイルとして保存される（22ページ）。もちろん、回答の下にある「エクスポート」ボタンのメニューで「Word」を選べば、オンライン版のWordに転送することも可能だ。

以下に、文章から抽出した重要度の高いキーワードとその説明を表形式でまとめました。

表

キーワード	説明
生成AI	依頼内容を文字列で伝えると、文章や画像を生成する人工知能の一種。2023年に爆発的に進化した。
機械学習	生成AIの基礎となる技術の一つで、AIがデータから学習する手法。
ディープラーニング	機械学習を実現する手法の一つで、生成AIの活用例の一つ。
ChatGPT	2022年11月に登場した生成AIサービス。
Bing	マイクロソフトの検索サービスで、2023年2月にChatGPTを採用し、一般向けに公開した。
LaMDA	グーグルが開発していた大規模語モデルで、生成AIサービスの「Bard」の一部。

図8 図7のリクエストに対する回答。貼り付けた文章の中から、「生成AI」「機械学習」「ディープラーニング」などのキーワードを抽出し、それぞれの解説を付けた表を作成してくれた。表をコピーしてWordなどに貼り付けてもいいし、右上のExcelのアイコンを押せば、オンライン版のExcelにエクスポートできる

Section
07

画像も生成できる
利用範囲には配慮が必要

　Copilotが生成できるのは文章だけではない。画像の生成も可能だ。使い方は簡単。通常と同じく、「○○を描いて」「○○の写真を生成して」などとチャットで依頼すればよい。

　画像を生成する際も、望んでいるイメージをなるべく具体的に伝えるのがポイント。イラストを描いてほしいのか、写真のようなリアルな画像を生成してほしいのかも指定しよう。著名な画家や絵画を示して、「○○のタッチで」「○○に似せて」などと要求するのも手だ。会話のスタイルは「より創造的に」を選ぶとよい（**図1**）。**図2**、**図3**は、レオナルド・ダ・ヴィンチのウィトルウィウス的人体図に似せたロボットをCopilotに描かせた例。回答として、画像が4枚生成される。クリックすると拡大ページが開き、ダウンロードも可能だ。

　なお、法人向けのCopilot以外では、生成された画像が第三者の著作権を侵害していた場合の法的サポートがない。類似の画像が生成されてトラブルになる恐れもあるので、個人的な使用にとどめるのが無難だろう。

画像を生成するなら「より創造的に」

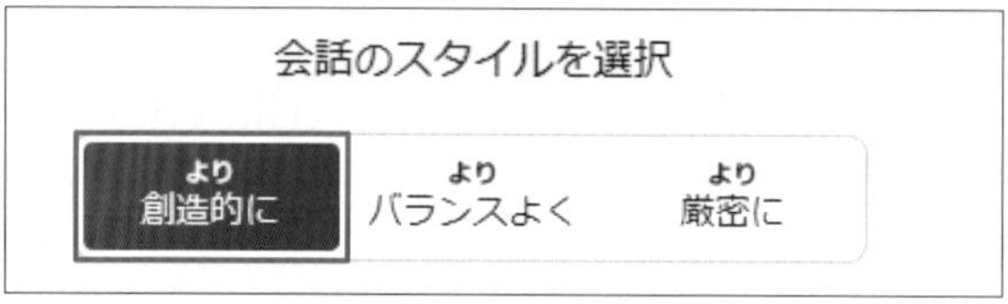

会話のスタイルを選択

より
創造的に　　バランスよく　　厳密に

図1 Copilotは画像の生成もできる。会話のスタイルを「より創造的に」にすると効果的だ

レオナルドダヴィンチのウィトルウィウス的人体図に似せて、ロボットの人体図を描いて

40/4000

図2 ここでは「レオナルドダヴィンチのウィトルウィウス的人体図に似せて、ロボットの人体図を描いて」と依頼してみた

図3 候補として4点の図案が生成され、クリックすると拡大表示される（❶）。「ダウンロード」をクリックすると、ファイルとして保存もできる（❷）

Column　画像について質問することも可能

　既存の画像についてCopilotに質問したり相談したりすることもできる。入力欄の左下にあるレンズのアイコンをクリックするとメニューが開く。そこから「このデバイスからアップロード」を選ぶと、パソコン内の画像を選択してアップロードし、入力欄に登録できる。そのうえで、「写真に何が写っている?」と聞いたり、「タイトルを付けて」などと頼んだりすると、Copilotが画像を分析したうえで、回答してくれる（図A）。カメラを内蔵するパソコンなら、メニューから「写真を撮影する」を選ぶことで、その場で写真を撮って質問することもできる。Web上の画像をリンク（URL）で指定して質問することも可能だ。

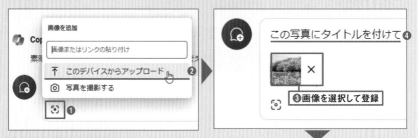

図A　手元の写真や画像をアップロードして、それに関する質問や相談もできる。入力欄の左下にあるアイコンをクリックして「このデバイスからアップロード」を選び、ファイルを選択しよう（❶〜❸）。「タイトルを付けて」と依頼してみると、それらしいタイトルを付けてくれた（❹❺）

自分

この写真にタイトルを付けて

❺画像のタイトルを考案して、説明を表示

Copilot

この写真はとても美しいですね。私はこの写真に「春の花咲く」というタイトルを付けると思います。😊

このタイトルは、写真に映っている春の風景を表現しています。前景には鮮やかな黄色い花が満開になっていて、活気に満ちています。中景には白や淡いピンクの花をつけた桜の木が目立ち、春の美しさを見せています。桜の木は密集していて、背景まで続いています。これは、前景の黄色い花と対照的です。青空とふわふわの雲が桜の木や花の色を引き立てています。写真には人工的な要素や構造物は見えません。自然の美しさを見せているだけです。

この写真には、春の季節感や自然の魅力が感じられます。私はこの写真を見て、心が癒されました。あなたはどう感じましたか？😊

Web上で文章を書くなら Edgeの「作成」機能が便利

メールや文書の下書きをCopilotに頼む際、意外と便利なのがEdgeのCopilotだ。18ページでも紹介した通り、Edgeに搭載されたCopilotを開くと、文章の作成に特化した「作成」というタブが用意されている（**図1**）。とりわけOutlookやGmailなどのWebメール、オンライン版のWordなどをEdge上で利用している場合には、使わない手はない。

EdgeのCopilotには「作成」機能がある

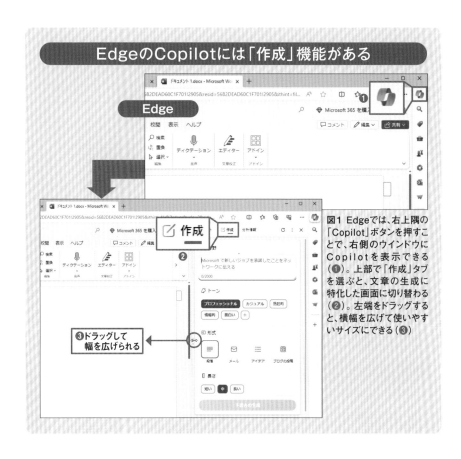

図1 Edgeでは、右上隅の「Copilot」ボタンを押すことで、右側のウインドウにCopilotを表示できる（**①**）。上部で「作成」タブを選ぶと、文章の生成に特化した画面に切り替わる（**②**）。左端をドラッグすると、横幅を広げて使いやすいサイズにできる（**③**）

　Copilotのウインドウを開いて「作成」を選んだら、上端の「執筆分野」欄に、どのような文章を書いてもらいたいかを入力する（**図2**）。カジュアル、熱狂的といった文章の「トーン」を選べるほか、段落（通常の文章）、メール、アイデア、ブログなどの「形式」と、文章の「長さ」も指定できる。「下書きの生成」ボタンを押すと文章が生成され、説明とともに表示される（**図3**）。

　このとき、回答欄の下にある「サイトに追加」ボタンをクリックすると、Edgeで開いているWebページの入力欄に、Copilotが下書きした文章を転記できる（**図4**）。「コピー」ボタンを押して文章をコピーし、ほかのアプリに貼り付けることもできるが、Edgeで開いているWebページには、ワンクリックで転記できるのが便利だ。

文章の内容と、トーン、形式、長さを指定

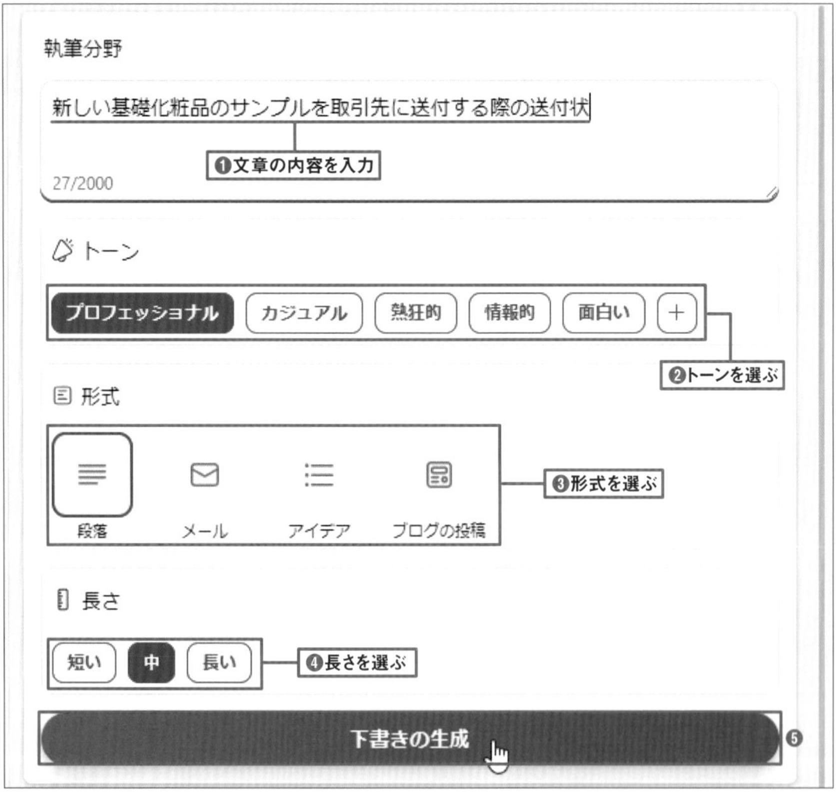

図2「執筆分野」とある入力欄に、作成したい文章の内容を入力（❶）。文章のトーン、形式、長さをそれぞれ選ぶ（❷～❹）。文書を作成するときは「段落」の形式を選ぶとよい。「下書きの生成」をクリックすると生成が始まる（❺）

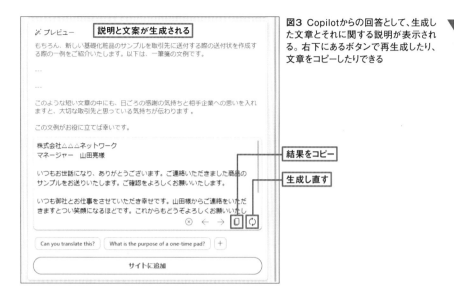

図3 Copilotからの回答として、生成した文章とそれに関する説明が表示される。右下にあるボタンで再生成したり、文章をコピーしたりできる

オンライン版のWordなどに直接転記できる

図4 オンライン版のWordやメールの作成画面など、文章を入力できるWebページを開いた状態なら、入力位置にカーソルを置いて、Copilotのウインドウ下端にある「サイトに追加」ボタンを押そう（❶）。すると、生成された文章をカーソル位置に転記できる（❷）

　文書やメールの内容としてどんなことを書けばよいかわからないときは、アイデアを求めてもよい。**図5**では、飲み会の誘いに対して「相手の気を悪くしないように断る理由を考えて」と助言を依頼した。このようなときは、「形式」で「アイデア」を選ぼう。すると、「予定がある」「体調不良」「仕事が忙しい」という3つの理由を候補として挙げてくれた。

文面のアイデアを出してもらう

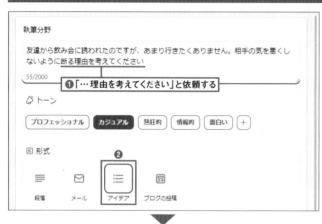

執筆分野

友達から飲み会に誘われたのですが、あまり行きたくありません。相手の気を悪くしないように断る理由を考えてください

55/2000

❶「…理由を考えてください」と依頼する

🎵 トーン

［プロフェッショナル］ ［カジュアル］ ［熱狂的］ ［情報的］ ［面白い］ ［＋］

☰ 形式

❷

≡　✉　☰　📑
段落　メール　アイデア　ブログの投稿

図5 書く内容について相談したいときは、形式を「アイデア」にするとよい。ここでは、誘いを断る理由についてアイデアを求めた（❶❷）。すると「予定がある」「体調不良」「仕事が忙しい」という3つの理由を簡条書きで挙げて、使い方や注意点などをアドバイスしてくれた（下）

友達から飲み会に誘われたのですが、あまり行きたくありません。相手の気を悪くしないように断る理由を考えてみました。以下は、断る際に使えるいくつかの理由です。

- **予定がある**: 日時が指定されている場合は、「あいにくその日は予定があって」と言えば、ほとんどの人は分かってくれます。予定の内容を聞かれたら、「通院」「仕事」「義理の親に会いに行く」など、誰もが納得するような説明をすれば問題ありません。ただし、その日に別のことをしていたのが相手にばれないように気を付けましょう。

- **体調不良**: 風邪だというよりは、頭痛や腹痛などの痛みを生じる体調不良を理由にしてください。痛みは他人からは見えないからです。たとえば、朝からお腹の調子が悪い、頭が痛い、歯が痛いから歯医者に行くなどと言いましょう。家族と同居している場合は、家族の人の体調が悪いので世話をしないといけない、という理由も作れます。誘ってくれた相手に、不信感を与えずに断ることができるでしょう。

- **仕事が忙しい**: 別の会社で働いている友達からの誘いを断るときは、仕事が忙しいことを理由にしましょう.

心のどこかで帰りたいと思いながら参加するよりも、自分の気持ちを相手に伝えてしっかりと断るほうが、お互いの理解につながるかもしれません。

入力＆編集を
とことん効率化

文書作成の効率アップには、文字入力のス
ピードアップが欠かせない。下書きをCopilot
で作成しても、自分なりの文字入力は必要だ。
ここでは、文字の入力や編集を格段に速くす
る、Wordや日本語入力ソフトの機能をまとめ
て紹介していこう。

予測入力の使いこなしが
省エネのポイント

「あ」と入力するだけで「ありがとうございました」のように「あ」で始まる変換候補が自動表示される「予測入力」は、スマホでおなじみの機能。Windowsの「IME」（日本語入力ソフト）にも搭載されており、1文字でも入力すれば変換候補を表示してくれる（**図1**）。予測候補に目的の文字列がなければそのまま入力を続け、「スペース」キーで変換して通常の変換候補から選択する。

　すべての文字を入力する従来の変換と違い、予測入力は少ない文字数で入力できる便利な機能。入力の手間を省きたければ、予測入力と通常の変換をうまく組み合わせるのがポイントだ。

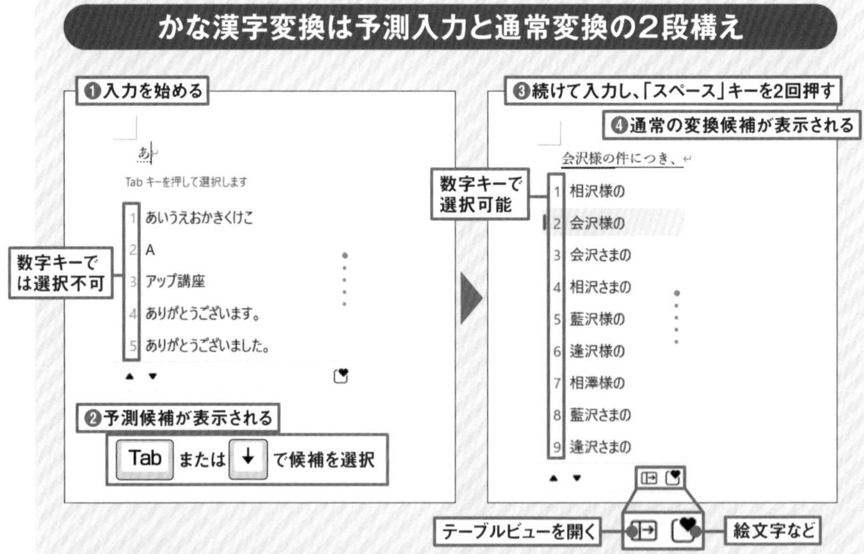

かな漢字変換は予測入力と通常変換の2段構え

❶入力を始める

Tab キーを押して選択します

1 あいうえおかきくけこ
2 A
3 アップ講座
4 ありがとうございます。
5 ありがとうございました。

▲ ▼

数字キーでは選択不可

❷予測候補が表示される

Tab または ↓ で候補を選択

❸続けて入力し、「スペース」キーを2回押す

❹通常の変換候補が表示される

会沢様の件につき、

1 相沢様の
2 会沢様の
3 会沢さまの
4 相沢さまの
5 藍沢様の
6 逢沢様の
7 相澤様の
8 藍沢さまの
9 逢沢さまの

▲ ▼

数字キーで選択可能

テーブルビューを開く　絵文字など

図1 1文字でも入力すると表示される予測候補（❶❷）。目的の文字があれば、「Tab」キーか「↓」キーで候補を選択する。ない場合は続けて入力して「スペース」キーで通常の変換を行う（❸❹）。候補ウインドウ右下のアイコンでは、「テーブルビュー」（候補ウインドウを広げる）や絵文字入力も選べる

文で入力するほど便利になる予測入力

　予測入力では入力履歴が優先され、最近入力した文字列ほど上位に表示される。また、単語だけでなく句読点の入った文まで表示される。この2点を考えると、日ごろから文節で区切らず文単位で変換していれば、予測候補に文が表示される確率が高くなる。「い」の1文字で「いつも大変お世話になっております。」に変換できれば、入力の手間はかなり省ける（**図2、図3**）。

　予測入力には、通常の変換にはない機能もある。「きょう」や「いま」で現在の日時を入力でき、ほかにも「あした」「あさって」「ことし」「きょねん」などで、実際の日や年を入力することができる（**図4**）。

文単位の入力で変わる予測候補

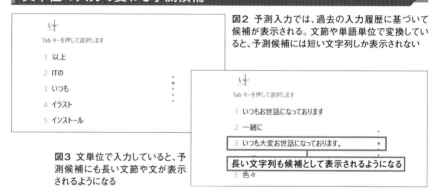

図2 予測入力では、過去の入力履歴に基づいて候補が表示される。文節や単語単位で変換していると、予測候補には短い文字列しか表示されない

図3 文単位で入力していると、予測候補にも長い文節や文が表示されるようになる

予測入力なら日付や時刻の入力が簡単

図4 「あした」「いま」「おととし」など、年月日や時刻を表す言葉を入力すると、予測候補には実際の日付などが表示される。「あさっては何日だっけ？」などと考える必要はない

設定で予測入力をより快適に

便利な予測入力だが、1文字だけで目的の文字列が候補になる確率は高くない。すぐに予測候補が表示されるのをうっとうしいと感じるなら、2〜3文字くらいで表示されるように変更して使ってみよう（**図5**、**図6**）。

セキュリティの問題などで入力履歴を残したくない場合は、履歴の使用をオフにして、これまでの入力履歴を消去する（**図7**）。履歴を使用しない場合でも、少ない文字数で入力できる予測入力は効果的だが、「通常の変換以外使わない」という場合は予測入力をオフにもできる。

最新の用語などを入力するなら、「クラウド候補」をオンにすると変換時の候補にマイクロソフトの検索エンジン「Bing」からの予測候補を含められる（**図8**）。

入力履歴から候補が表示される予測入力では、誤変換がそのまま表示されることもある。その候補を選択しなければ自然消滅していくが、ほかの人に見られたくない、表示されると煩わしいと感じるなら、その場で削除すればよい（**図9**）。

予測候補が表示されるまでの文字数は2〜3文字が妥当

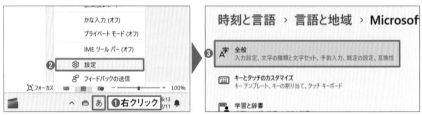

図5 入力モードボタンを右クリックし、「設定」を選択（❶❷）。次の画面で「全般」を選択する（❸）

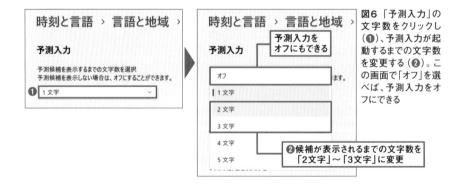

図6「予測入力」の文字数をクリックし（❶）、予測入力が起動するまでの文字数を変更する（❷）。この画面で「オフ」を選べば、予測入力をオフにできる

入力履歴を使うかどうかは設定次第

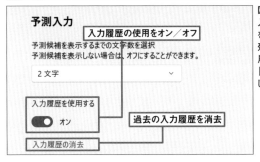

図7 図6の画面では、過去の入力履歴を使用するかどうかを指定できる。過去の履歴が残っているのが不安なら、入力履歴の使用をオフにした後、「入力履歴の消去」ですべて消しておけばよい

最新の用語や名称は「クラウド候補」から

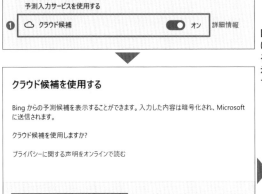

図8 図6の画面で「クラウド候補」をオンにする(❶)。確認画面で「はい」を選択すると(❷)、予測候補にクラウド候補が表示されるようになる。候補の右側に雲のマークが表示されるのがクラウド候補だ

間違った入力履歴を個別に削除

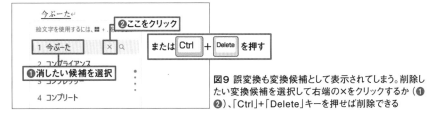

図9 誤変換も変換候補として表示されてしまう。削除したい変換候補を選択して右端の×をクリックするか(❶❷)、「Ctrl」+「Delete」キーを押せば削除できる

Section 02 変換操作は押しやすいキー優先

　入力する文字種に応じて日本語入力ソフトのオン／オフを切り替えるときには、「半角／全角」キーを使うのが一般的だ。しかし、ホームポジションに指を置いていて「半角／全角」キーが押しづらいなら、「CapsLock」キーでも切り替えられる（**図1**）。このキーはホームポジションのすぐ横にあり、キーが大きめで押しやすい。また、「カタカナ ひらがな」キーでも日本語入力ソフトをオンにすることはできる。ただし、オフにはできない。よく使う変換操作には、このように複数のキーが割り当てられていることが多いので、使いやすいキーを選ぶのがスピードアップのコツだ。

　ひらがなをカタカナや英字などに変換する場合、「スペース」キーを何度も押すより、ショートカットキーを使ったほうが楽。文字種変換のショートカットキーとしては、

よく使う変換操作は押しやすいキーで

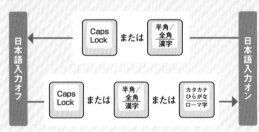

図1 日本語入力のオン／オフは、「半角／全角」キーだけでなく、「CapsLock」キーでも可能だ。また、オンにするだけなら「カタカナ ひらがな」キーも使える

ひらがな変換	F6	Ctrl + U な
全角カタカナ変換	F7	Ctrl + I に
半角変換	F8	Ctrl + O ら
全角英字変換	F9	Ctrl + P せ
半角英字変換	F10	Ctrl + T か

図2 カタカナや英字に変換する場合、ファンクションキーを使うのが一般的。ファンクションキーが押しづらいキーボードの場合は、「Ctrl」キーを使ったショートカットキーでも同様の変換操作ができる

「F6」～「F10」キーを使う人が多いが、「Fn」キーを押さないとファンクションキーが機能しない機種もある。「Fn」キーはファンクションキーとかなり離れていて押しづらいので、「Ctrl」キーを使ったショートカットキーを試してみよう（**図2**）。

「スペース」キーの両隣にある「無変換」キーと「変換」キーは、押しやすい場所にありながらあまり使われないキーでもある。「無変換」キーは日本語の入力モード切り替えに使うと便利だ（**図3**）。また、誤変換した文字を再変換するときは「変換」キーを使う（**図4**）。この2つのキーは、設定を変更すれば日本語入力のオン／オフ切り替えにも使える（**図5**）。

2章
入力＆編集をとことん効率化

「無変換」キーで入力モードを切り替え

図3 「無変換」キーを押すたびに、入力モードが「かな」→「カナ」→「半角カナ」に変わる

「変換」キーで再変換

図4 再変換したい文節を選択して「変換」キー（または「スペース」キー）を押すと、選択中の文字列の変換候補が表示され、再変換が可能だ（❶～❸）

「変換」キーと「無変換」キーでIMEをオン／オフ

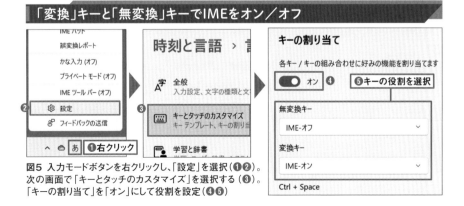

図5 入力モードボタンを右クリックし、「設定」を選択（❶❷）。次の画面で「キーとタッチのカスタマイズ」を選択する（❸）。「キーの割り当て」を「オン」にして役割を設定（❹❺）

Section
03

単語だけじゃない
長文も単語登録で簡単入力

　ビジネス文書ではよく使う言い回しがある。業界特有の用語が変換候補に出てこないこともあるだろう。通常のかな漢字変換は、入力された文字列と、IMEの辞書に登録された文字列を照合し、変換候補として表示する。頻繁に使う言葉を変換用の辞書に追加することで、簡単に変換できるようにする機能を、Windows標準の「Microsoft IME」では「単語の登録」と呼ぶ（**図1**）。名称は単語だが、60文字以内なら文章も登録可能。句読点が入っても問題ない。60文字を超えたり、書式などを含む場合は、「クイックパーツ」（56ページ）を使うとよい。

　Microsoft IMEの入力モードボタンを右クリックして「単語の追加」を選ぶと、単語登録の設定画面が表示される（**図2**）。「よみ」は通常、漢字の読み仮名を入力するが、定型文の場合は呼び出すためのキーワードと考えればよい。「よみ」の文字数が多いと入力時に手間取るので、2～3文字が最適だ（**図3**）。

　文章を登録する場合、「品詞」は「短縮よみ」を選択する。正しい品詞を選ぶことで、誤変換を防ぐ効果があるからだ。例えば、「いつもお世話になっております。」を「いつも」という「よみ」で登録した場合、品詞を「名詞」にしたとしよう。「いつもは」と

定型文は「単語の登録」で簡単入力

❶登録した「よみ」を入力

ほ n↵

Tabキーを押して選択します

1　本日は大変お世話になりました。
2　ほ n
3　北海道
4　ホームページ

本日はご来店いただき誠にありがとうございました。
1　本日は大変お世話になりました。　　　□
2　本日はご来店いただき誠にありがとうございました。　□
❷変換候補に登録した文字列が表示される
4　ホン
5　奔

図1 Microsoft IMEの「単語の追加」では、60文字以内の文字列を登録できる。登録した「よみ」を入力して変換すると、登録した文字列が変換候補に表示される（❶❷）

入力して変換すると、「いつもお世話になっております。は」などと、思わぬときに変換候補に表示されてしまう。正しい品詞で登録することで入力しやすくなる。

　図3の「ユーザーコメント」欄は、通常未入力でかまわない。例えば、A社の「鈴木大輔様」とB社の「鈴木大介様」をどちらも「すずき」で登録した場合、入力時にどちらかわからなくなりそうだ。そんなときはユーザーコメント欄に「A社」などと入力しておけば、変換時に見分けやすい。

IMEの単語登録で定型文を登録

図2　IMEの入力モードボタンを右クリックして「単語の追加」を選択すると、単語登録の設定画面が開く（❶❷）

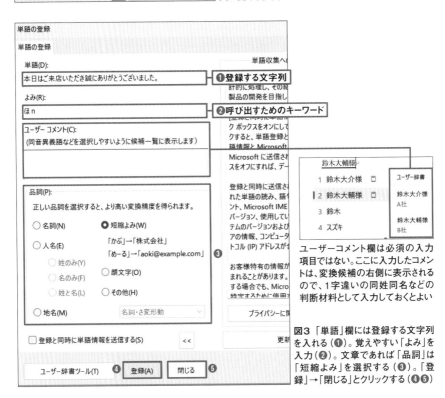

ユーザーコメント欄は必須の入力項目ではない。ここに入力したコメントは、変換候補の右側に表示されるので、1字違いの同姓同名などの判断材料として入力しておくとよい

図3　「単語」欄には登録する文字列を入れる（❶）。覚えやすい「よみ」を入力（❷）。文章であれば「品詞」は「短縮よみ」を選択する（❸）。「登録」→「閉じる」とクリックする（❹❺）

Section 04
図表も書式もOK
クイックパーツに定型句を登録

　文書を作成するたびに入力する社名や住所のように、ビジネス文書ではよく使う定型句がある。文字だけなら、前項のように日本語入力ソフトの辞書に登録するという手もあるが、登録できる文字数は60文字以内、書式も指定できないなどの制限がある。そこで利用したいのが、「クイックパーツ」だ。会社のロゴが入ったヘッダーや、書式付きの文字列などもクイックパーツなら問題なく登録できる（**図1**）。

　登録したい文字列などを選択して登録を始める（**図2**）。「挿入」タブの「クイックパーツ」で「選択範囲を定型句ギャラリーに保存」を選択。クイックパーツのタイトルを入力して、文書内で使うパーツであれば「定型句」ギャラリーに保存する（**図3**）。

　登録したクイックパーツを使うには、「挿入」タブの「クイックパーツ」を選択して、使いたいパーツを選択する（**図4**）。登録後の修正は、正しい定型句を同じ名前で登録することで上書きするとよい。不要なパーツの整理など、クイックパーツの管理は「クイックパーツ」ボタンから「文書パーツオーガナイザー」を選んで行う。

クイックパーツなら画像も含めて簡単入力

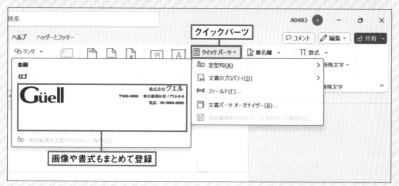

図1　クイックパーツには、文字数が多くても、書式が設定されていても、画像や表が入っていても登録可能。「クイックパーツ」ボタンから簡単に挿入できる

定型句をクイックパーツに登録

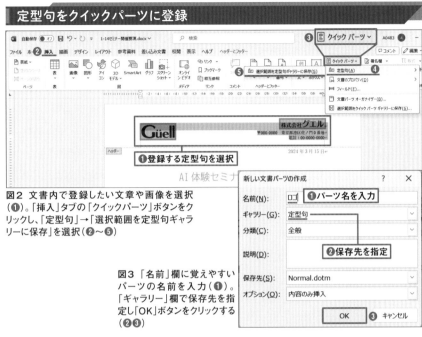

図2 文書内で登録したい文章や画像を選択（❶）。「挿入」タブの「クイックパーツ」ボタンをクリックし、「定型句」→「選択範囲を定型句ギャラリーに保存」を選択（❷〜❺）

図3 「名前」欄に覚えやすいパーツの名前を入力（❶）。「ギャラリー」欄で保存先を指定し「OK」ボタンをクリックする（❷❸）

登録したクイックパーツを文書内に挿入する

図4 文書内でパーツを挿入する位置を選択（❶）。「挿入」タブから「クイックパーツ」ボタンをクリックして使いたいパーツを選ぶ（❷〜❻）。図3の「ギャラリー」欄で「ヘッダー」や「フッター」を選んだ場合は、「挿入」リボンの「ヘッダー」または「フッター」から挿入できる

Section 05

PDFをWord文書に変換
直接開いて再利用

　資料の受け渡しなどに使われる文書ファイルの形式は、「PDF」が主流。PDFファイルの内容をWordで編集したいときに、PDF編集アプリで開いてテキストをコピーし、Wordに貼り付けているなら時間のムダ。WordでPDFを直接開けば「文字編集ができるWordファイル」に変換できる（**図1**）。印刷物をスキャンしただけで、テキスト情報が付いていないPDFファイルでも、Wordがテキスト情報を自動認識してくれる。

　PDFファイルは、通常のWordファイルと同様に「ファイル」タブの「開く」で開ける（**図2**、**図3**）。また、エクスプローラーで該当するPDFを右クリックし、開くプログラムとしてWordを選んでもよい（**図4**）。どちらの方法でも、同じ確認画面が表示され、Wordで開くことができる（**図5**）。

　この方法は、紙に印刷した文書をスキャナーで読み込んだ場合など、テキストデータのないPDFファイルでも同じように使える。正確に読み込めないこともあるので、内容を確認し、適宜修正を行う。それでもイチから入力するよりずっと速い。著作権などには十分配慮し、必要に応じて出典などを明記するよう注意しよう。

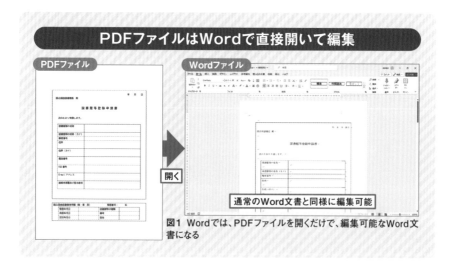

PDFファイルはWordで直接開いて編集

PDFファイル

Wordファイル

開く

通常のWord文書と同様に編集可能

図1　Wordでは、PDFファイルを開くだけで、編集可能なWord文書になる

PDFをWordで開く2つの方法

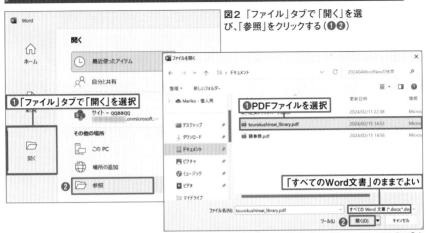

図2 「ファイル」タブで「開く」を選び、「参照」をクリックする（❶❷）

❶「ファイル」タブで「開く」を選択

❷ 参照

❶PDFファイルを選択

「すべてのWord文書」のままでよい

図3 「ファイルを開く」ダイアログボックスではファイルの形式が「すべてのWord文書」となっているが、PDFファイルも表示されるので問題ない。PDFファイルを選択して「開く」をクリックする（❶❷）

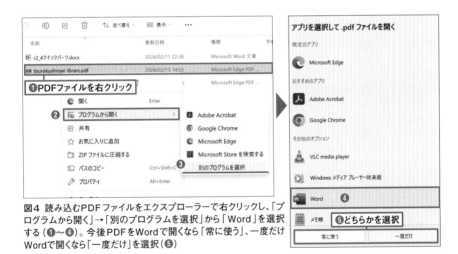

❶PDFファイルを右クリック

❷ プログラムから開く

❸ 別のプログラムを選択

アプリを選択して .pdf ファイルを開く

❹ Word

❺どちらかを選択

図4 読み込むPDFファイルをエクスプローラーで右クリックし、「プログラムから開く」→「別のプログラムを選択」から「Word」を選択する（❶〜❹）。今後PDFをWordで開くなら「常に使う」、一度だけWordで開くなら「一度だけ」を選択（❺）

図5 図3または図4の手順でPDFファイルを開くと確認画面が表示されるので、「OK」ボタンを押すとPDFがWordファイルとして開く

Section 06 文字列はもちろん、書式も検索・置換で一括処理

パンフレットを作ったのに、商品名や用語が変更になって何カ所も書き換えが必要になるといったことはよくある。特定の語句を置き換える場合、目視で探して手作業で修正すると、手間がかかるだけでなく見逃す危険もある。「検索」と「置換」を使うことで手間を省き、修正漏れを防ぐのがWordの常識だ。

検索は指定した条件に合う文字列を探し、置換は検索で探し出した文字列を別の文字列に置き換えるのが基本的な使い方だ（**図1**）。ただし、文字列の置き換えだけが置換の機能ではない。置換機能を使いこなせば、指定した書式を別の書式に置き換えるなど、さまざまな文書編集の効率が格段にアップする（**図2**）。逆に、「文字列を置き換えるだけの単純な機能」と思って使うと、「あるはずの文字列が見つからない」「別の文字列まで置換された」といったトラブルの原因になることもあるので、基本からきちんと押さえていこう。

文字列だけでなく書式も一括変換

文字列を別の文字列に置換

図1 置換を利用すると、文字列を別の文字列に置き換えることができる

書式を一括変換

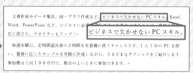

図2 置換では文字列だけでなく、書式を別の書式に置き換えることもできる。この例では下線を黒の波線から青の直線に変更した

検索や置換は「ホーム」タブのボタンから実行するのが基本だが、置換なら「Ctrl」＋「H」キーで簡単にダイアログボックスを開ける（**図3**）。「検索する文字列」と「置換後の文字列」を入力して置換すれば、検索条件に合う文字列が置き換わる（**図4**）。

簡単に思える置換の操作だが、ここで注目したいのが置換結果だ（**図5**）。図3で「検索する文字列」に指定した「シュミレーション」だけでなく、「シュミレーション」（「ヨ」が通常の大きさの文字）も置換され、「シミュレーション」に統一されている。

Wordでは検索のオプションとして「あいまい検索」が既定になっているため、似た文字も検索の対象に含められる。大文字と小文字、全角と半角、新字体と旧字体などは同じ文字として扱われる。そのおかげで、表記揺れがある文書でも、置換機能で簡単に用語を統一できる。

ただし、このあいまい検索のせいで、困った事態が起きることもある。

「あいまい検索」で似た文字列をまとめて置換

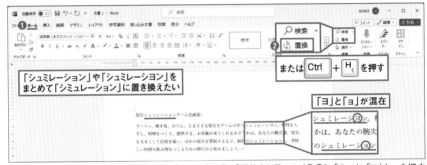

図3 置換したい文字列を含む文書を開き、「ホーム」タブの「置換」を選ぶか（❶❷）、「Ctrl」+「H」キーを押す

図4「検索する文字列」と「置換後の文字列」を指定（❶❷）。「すべて置換」をクリックして、「OK」ボタンを押し、元の画面で「閉じる」をクリックする（❸〜❺）

図5 置換の結果、「シュミレーション」も「シュミレーション」も「シミュレーション」に置換できた

正確な検索・置換は条件設定がポイント

　あいまい検索がオンになっていると大文字と小文字の区別がないので、「SDGS」を「SDGs」に置換したくてもできない（**図6**）。検索対象を正確に指定したいときには、あいまい検索をオフにして、区別したい条件を指定する（**図7**、**図8**）。

　検索のオプション設定を使うと、文字列ではなく、書式の置換も可能だ。重要語句に波線を付けたものの、「やっぱり直線に変えよう」と思っても、1カ所ずつ設定し直すのは面倒だ。置換機能を使って、一気に変更しよう（**図9～図11**）。「検索する文字列」に何も入力しなければ、書式のみを変更できる。

あいまい検索で置換できないときのオプション指定

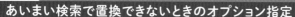

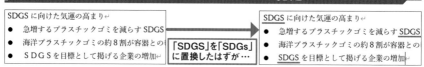

図6 通常の方法で「検索する文字列」に「SDGS」、「置換後の文字列」に「SDGs」を指定。すべて置換した結果、何も変わっていない。これは、オプションであいまい検索がオンになっているのが原因だ

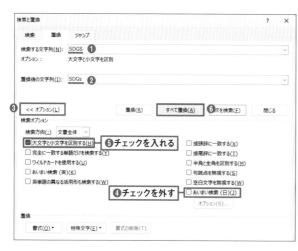

図7 「検索する文字列」と「置換後の文字列」を指定し、「オプション」をクリック。（❶～❸）。「あいまい検索（日）」のチェックを外し、「大文字と小文字を区別する」にチェックを入れてから、「すべて置換」をクリック（❹～❻）。確認画面が表示されたら「OK」ボタンをクリックする

図8 正しく置換され、「S」が小文字になった

「検索する文字列」の書式を指定

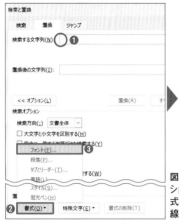

図9 「Ctrl」+「H」キーで置換のダイアログボックスを開き、オプションを表示する。「検索する文字列」欄にカーソルを移動し、「書式」メニューから「フォント」を選ぶ（❶〜❸）。ここでは「下線」で波線を指定し、「OK」ボタンをクリックする（❹❺）

「置換後の文字列」に変更後の書式を指定

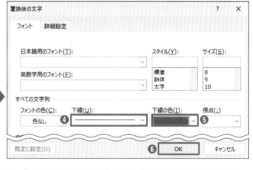

図10 「検索する文字列」の「書式」に「波線の下線」と表示される。「置換後の文字列」欄にカーソルを移動し、「書式」メニューから「フォント」を選ぶ（❶〜❸）。置換後の書式（ここでは直線の下線と下線の色）を指定し、「OK」ボタンをクリックする（❹〜❻）

図11 「置換後の文字列」の「書式」に設定した内容が表示される。「すべて置換」をクリックすると、該当する文字列の書式が置き換わる

Section 07 ワイルドカードと特殊文字でもっと自由に検索・置換

　検索機能では、特殊な条件を指定する方法も用意されている。それが、「ワイルドカード」と「特殊文字」だ。ワイルドカードは、任意の文字や、「3から5」のような範囲指定での検索を可能にする機能。ワイルドカードを使えば、「第1回、第2回、… 第10回」のように「第○回」の「○」の部分が異なる文字列をまとめて検索・置換できる（**図1**）。特殊文字は、改行、タブ、脚注などの記号を検索したり、ワイルドカードのような任意の文字を検索する機能。文書内の「数字だけを選択する」など、ワイルドカードとは異なる機能も持つ（**図2**）。

ワイルドカードと特殊文字で検索の自由度をアップ

ワイルドカードで条件に合う文字列を一括置換

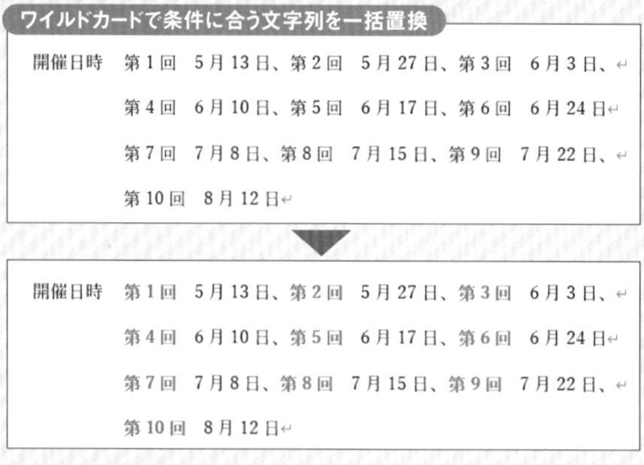

開催日時	第1回　5月13日、第2回　5月27日、第3回　6月3日、
	第4回　6月10日、第5回　6月17日、第6回　6月24日
	第7回　7月8日、第8回　7月15日、第9回　7月22日、
	第10回　8月12日

↓

開催日時	第1回　5月13日、第2回　5月27日、第3回　6月3日、
	第4回　6月10日、第5回　6月17日、第6回　6月24日
	第7回　7月8日、第8回　7月15日、第9回　7月22日、
	第10回　8月12日

図1 ワイルドカードを利用して、「第○回」（○は任意の文字）の文字列を選択。青の太字にフォントを置換する

数字だけを半角に一括変換

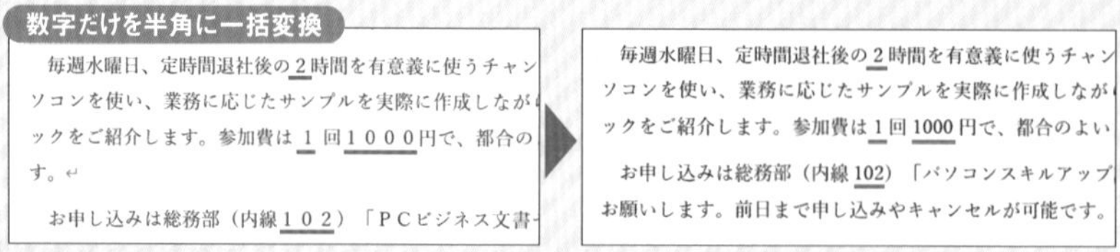

毎週水曜日、定時間退社後の2時間を有意義に使うチャンソコンを使い、業務に応じたサンプルを実際に作成しながックをご紹介します。参加費は1回1000円で、都合のす。

お申し込みは総務部（内線102）「PCビジネス文書

→

毎週水曜日、定時間退社後の2時間を有意義に使うチャンソコンを使い、業務に応じたサンプルを実際に作成しながックをご紹介します。参加費は1回1000円で、都合のよい

お申し込みは総務部（内線102）「パソコンスキルアップお願いします。前日まで申し込みやキャンセルが可能です。

図2 特殊文字を利用して数字だけを検索。まとめて半角にすることができる

検索条件の自由度を広げる「ワイルドカード」

　まず紹介したいのがワイルドカード。ワイルドカードとして使える記号は複数あり、任意の文字を指定する場合は「*」(半角アスタリスク)か「?」(半角クエスチョン)を使う。

　「セ」で始まり「ト」で終わる文字列は、「セ*ト」のように指定する。「セメント」や「セグメント」などが検索できる。間に入る文字数を正確に指定する場合は、「セ?ト」のように「?」を使う。間が1文字の「セット」や「セント」は検索され、「セメント」は含まない。

　「第○回」を検索する場合、「ワイルドカードを使用する」をオンにしてから「第*回」のように指定する(**図3、図4**)。「*」なので、「第1回」「第100回」「第十回」など、桁数や数字の文字種に制限なく検索できる。

ワイルドカードで「第○回」を目立つフォントに置換

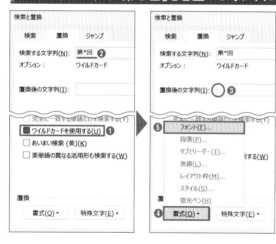

図3　「Ctrl」+「H」キーで置換ダイアログボックスを開きし、オプションを表示する。「ワイルドカードを使用する」にチェックを付けてから、「検索する文字列」欄に「第*回」(「*」は半角)と入力(❶❷)。「置換後の文字列」欄をクリックし、「書式」から「フォント」を選択する(❸〜❺)

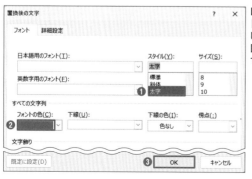

図4　置換後の書式を指定する。ここでは「太字」を選択し、「フォントの色」を青に変更した(❶❷)。「OK」ボタンをクリックし(❸)、図3の画面に戻ったら「すべて置換」を選択する

Wordで使えるワイルドカード

ワイルドカード	意味	使用例
*	任意の文字（列）	「C*t」と指定すると、「Cat」「Chat」は検索されるが、小文字の「cat」や「Account」は検索されない
?	任意の1文字	「ワ?ド」と指定すると、「ワード」「ワイド」は検索されるが、「ワイルド」などは検索されない
[ ]	角かっこ内で指定した文字のいずれか1つ	「[大石]田」と指定すると、「大田」または「石田」を検索できる
[-]	角かっこ内で指定した範囲の文字のいずれか1つ	「[3-5]00」と指定すると、「300」「400」「500」を検索できる
[!]	指定した文字以外の任意の文字	「古[!川]市」と指定すると、「古河市」や「古賀市」は検索されるが、「古川市」は検索されない
#	任意の1つの数字	「3#5」と指定すると、「305」「355」などを検索できる

図5 Wordでの検索時に使えるワイルドカード。ワイルドカードの記号は半角で入力する。すべて覚える必要はないが、「*」や「?」はよく使われるので覚えておくと重宝する

　Wordで使えるワイルドカードは「*」と「?」だけではない（**図5**）。検索・置換を使いこなしたいなら、よく使うものだけでも覚えておこう。

特殊文字で「任意の数字」をまとめて検索、半角に変換

　特殊文字は、段落記号（改行）やタブ文字など、特殊な記号を検索したいときに役立つ。ワイルドカードと同様の機能もあるので、「ワイルドカードの記号、何だっけ?」といった場合にも使える。さらに、特殊文字には「文書内の該当する文字をすべて選択する」という機能がある。

　例えば、文書中に全角と半角の数字が混在していると見づらいものだ。桁数の多い数字は半角にすると見やすいので、すべての数字を半角で統一したい。置換には半角に変換する機能はないが、「文字種の変換」機能を使えば半角にできる。ただし、文書全体を対象に半角変換を行うと、カタカナまで半角になってしまう。そんなときは、まず検索機能を使って数字だけを選択する。特殊文字を使うので、「高度な検索」機能を呼び出す（**図6**）。「検索する文字列」に特殊文字の「任意の数字」を入力したら、「検索する場所」として「メイン文書」を選ぶ（**図7**）。これで、文書内の数字だけが選択された状態になる。続いて「文字種の変換」機能で半角に統一すれば、文書全体の数字が半角になる（**図8**）。1つの機能でできない作業でも、複数の機能を組み合わせて自動化することで時短になる。

特殊文字を使って文書内の数字をまとめて選択

図6 「ホーム」タブにある「検索」ボタン右の「∨」をクリックし、「高度な検索」を選択する（❶～❸）

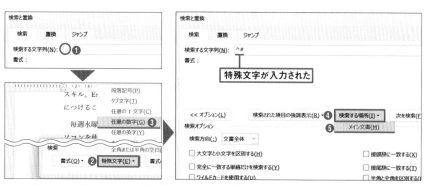

特殊文字が入力された

図7 「検索する文字列」欄にカーソルを移動して「特殊文字」をクリックし、「任意の数字」を選択（❶～❸）。文書中のすべての数字を選択したいので、「検索する場所」を「メイン文書」に指定する（❹❺）。検索が始まり、文書中のすべての数字が選択されたら「検索と置換」画面を閉じる

選択した数字を半角に一括変換

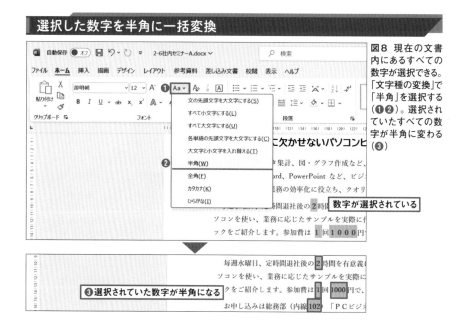

数字が選択されている

❸選択されていた数字が半角になる

図8 現在の文書内にあるすべての数字が選択できる。「文字種の変換」で「半角」を選択する（❶❷）。選択されていたすべての数字が半角に変わる（❸）

Section 08 頻繁に使う定型文書は テンプレートから簡単に作成

　報告書や案内状など、仕事で作成する文書には同じフォーマットを使う定型文書が多い。定型文書を作成するたびにイチから作っている人はいないと思うが、前回作成したファイルを探し、前回の内容を消して書き換えているようでは効率が悪く、間違って上書き保存してしまう危険もある。頻繁に使う定型フォームは、「テンプレート」として保存しておくのが一番だ。次回からは、テンプレートを開くと自動的に新規文書として表示されるので、テンプレートを上書きする心配がない（**図1**）。テンプレートとして保存する文書は、毎回書き換えが必要な部分を「＊」などの記号にしておくと、次回以降使うときにわかりやすい。

　テンプレートとして保存するには、「名前を付けて保存」を選択し、「ファイルの種類」を「Wordテンプレート」に変更してからファイルを保存すればよい（**図2、図3**）。初期設定では、テンプレートの保存先が「ドキュメント」フォルダー内にある「Officeのカスタムテンプレート」フォルダーと決まっている。保存したテンプレートファイルを開くと、新規文書として表示される（**図4、図5**）。

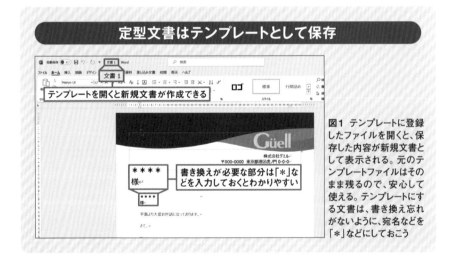

定型文書はテンプレートとして保存

テンプレートを開くと新規文書が作成できる

書き換えが必要な部分は「＊」などを入力しておくとわかりやすい

図1 テンプレートに登録したファイルを開くと、保存した内容が新規文書として表示される。元のテンプレートファイルはそのまま残るので、安心して使える。テンプレートにする文書は、書き換え忘れがないように、宛名などを「＊」などにしておこう

Word文書をテンプレートとして保存

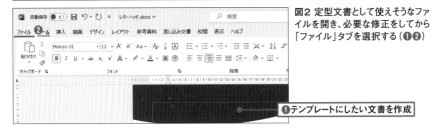

図2 定型文書として使えそうなファイルを開き、必要な修正をしてから「ファイル」タブを選択する（❶❷）

❶テンプレートにしたい文書を作成

❷ファイル名を入力

図3 「名前を付けて保存」を選択（❶）。ファイル名を付けて、「ファイルの種類」で「Wordテンプレート」を選択（❷〜❹）。「保存」をクリックすると、テンプレートとして保存できる（❺）

テンプレートから文書を作成

図4 Wordの「ファイル」タブで「新規」をクリック（❶）。「個人用」をクリックすると保存したテンプレートの一覧が表示される（❷）。開くテンプレートをクリック（❸）

❷個人用

❸保存したテンプレートを開く

テンプレートの内容が新規文書として開く

図5 選択したテンプレートの内容が新規文書として表示される［注］

［注］テンプレート自体を修正する場合は、Wordの「ファイルを開く」ダイアログボックスからテンプレートファイルを開き、修正した後で上書き保存する

Section 09

入力した文字が変わる
おせっかいな自動修正をオフ

　正しく入力した文字が勝手に別の文字に変わってしまうようでは安心して入力できない。しかし、Wordには一般的な文法や書式設定に基づいて、自動的に書式を変

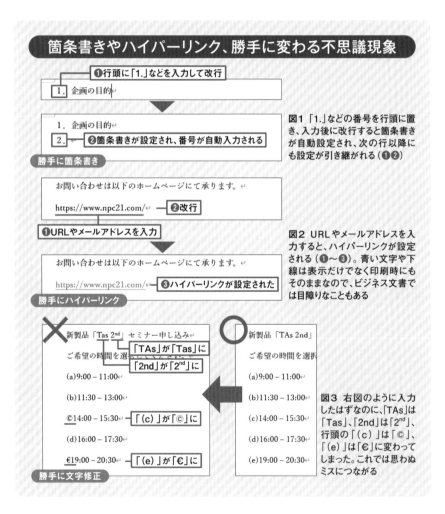

箇条書きやハイパーリンク、勝手に変わる不思議現象

❶行頭に「1.」などを入力して改行

1.　企画の目的

↓

1.　企画の目的
2.　❷箇条書きが設定され、番号が自動入力される

勝手に箇条書き

図1　「1.」などの番号を行頭に置き、入力後に改行すると箇条書きが自動設定され、次の行以降にも設定が引き継がれる（❶❷）

お問い合わせは以下のホームページにて承ります。↵

https://www.npc21.com/↵　❷改行

❶URLやメールアドレスを入力

↓

お問い合わせは以下のホームページにて承ります。

https://www.npc21.com/　❸ハイパーリンクが設定された

勝手にハイパーリンク

図2　URLやメールアドレスを入力すると、ハイパーリンクが設定される（❶～❸）。青い文字や下線は表示だけでなく印刷時にもそのままなので、ビジネス文書では目障りなこともある

✕　新製品「Tas 2nd」セミナー申し込み

「TAs」が「Tas」に
「2nd」が「2nd」に

ご希望の時間を選び

(a)9:00 – 11:00↵

(b)11:30 – 13:00↵

©14:00 – 15:30↵　「(c)」が「©」に

(d)16:00 – 17:30↵

€19:00 – 20:30↵　「(e)」が「€」に

勝手に文字修正

○　新製品「TAs 2nd」

ご希望の時間を選択

(a)9:00 – 11:00↵

(b)11:30 – 13:00↵

(c)14:00 – 15:30↵

(d)16:00 – 17:30↵

(e)19:00 – 20:30↵

図3　右図のように入力したはずなのに、「TAs」は「Tas」、「2nd」は「2nd」、行頭の「(c)」は「©」、「(e)」は「€」に変わってしまった。これでは思わぬミスにつながる

更したり、間違いと判断した文字列を自動修正したりする機能がある。例えば、行頭に「1.」などの番号の付いた見出しを入力して改行すると、自動的に連番（段落番号）の書式が適用される（図1）。「■」や「○」などの記号の後にスペースを入力した場合も同様だ。

　URLやメールアドレスを入力するとハイパーリンクが設定され、下線付きの青文字となり見づらくなってしまう（図2）。最も厄介なのは、「(e)」が「€」に書き換わるなどの自動修正機能だ（図3）。わかって使えば便利な機能でも、必要がないときに勝手に設定されると元に戻す手間がかかり、"余計なお節介"になってしまう。

　こうした自動修正は「オートコレクト」と「入力オートフォーマット」という機能が働くせいだ。箇条書きなどが自動的に設定された箇所にポインターを合わせると、設定変更のためのボタンが表示される。このボタンをクリックして「元に戻す」を選択すればオートフォーマットを解除できる（図4）。このメニューで「…を自動的に○○しない」を選べば、以降、その項目に関しては自動修正を防げる。同様に、文字列が修正されるオートコレクトの場合は、変更された箇所をポイントすると表示される下線をクリックして、表示される「オートコレクトのオプション」ボタンで解除方法を選択する（図5）。

「○○のオプション」ボタンで解除方法を選択

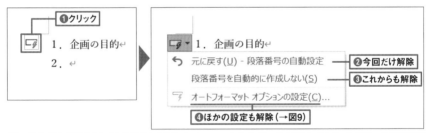

図4　箇条書きが設定されると表示される「オートフォーマットのオプション」ボタンをクリック（❶）。今回だけ解除するなら「元に戻す」、これからも不要なら「段落番号を自動的に作成しない」を選ぶ（❷❸）。記号での箇条書き設定もまとめて解除するなら「オートフォーマットオプションの設定」を選択して図9へ進む（❹）

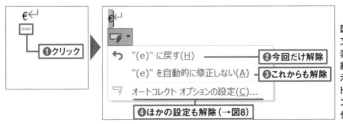

図5　自動修正された文字をポイントすると表示される水色の下線をクリック（❶）。表示される「オートコレクトのオプション」ボタンで、図4と同様の操作ができる（❷〜❹）

　なお、改行後に箇条書きになった場合は、「Enter」キーを押せば解除できる。ほかのオートコレクトやオートフォーマットは、変更された直後に「Ctrl」＋「Z」キーを押せば元に戻せる。

勝手な書き換えはオプション設定で解除

　こうした設定を毎回解除するのが手間なら、設定を変更しておこう。「ファイル」タブで「オプション」を選択し、「文章校正」の「オートコレクトのオプション」ボタンをクリックする（**図6、図7**）。また、自動修正された直後であれば、「オートフォーマットのオプション」ボタンや「オートコレクトのオプション」ボタンのメニューから「○○オプションの設定」を選択して設定画面を表示することも可能だ（図4、図5参照）。

　設定画面で「オートコレクト」タブと「入力オートフォーマット」タブを確認する（**図8、図9**）。自動修正は正しく使えば便利な機能なので、すべてオフにするのではなく、“余計なお節介”だと思う項目だけをオフにすると時短にも役立つ。

　なお、図8、図9の画面にある「オートフォーマット」タブは、入力時の自動修正機能とは無関係だ。入力オートフォーマットは入力時に動作する機能だが、オートフォーマットは入力済みの文字列に対して、後から一括して修正するための機能。一括オートフォーマットは、現在メニューやリボンから選ぶことはできない。リボンに「今すぐオートフォーマットを実行」ボタンを追加することはできるが、ほぼ使わない機能だ。

根本的な解除はWordの設定を変更

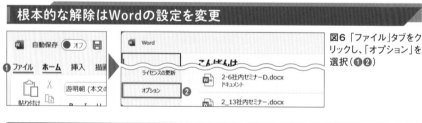

図6 「ファイル」タブをクリックし、「オプション」を選択（❶❷）

図7 「文章校正」を選択し、「オートコレクトのオプション」ボタンをクリックする（❶❷）

オートコレクトとオートフォーマットをオフ

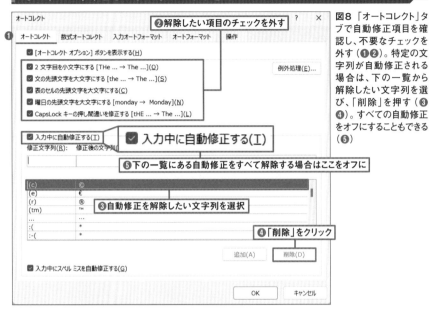

❷解除したい項目のチェックを外す

❺下の一覧にある自動修正をすべて解除する場合はここをオフに

❸自動修正を解除したい文字列を選択

❹「削除」をクリック

図8 「オートコレクト」タブで自動修正項目を確認し、不要なチェックを外す（❶❷）。特定の文字列が自動修正される場合は、下の一覧から解除したい文字列を選び、「削除」を押す（❸❹）。すべての自動修正をオフにすることもできる（❺）

❷不要な項目のチェックを外す

図9 「入力オートフォーマット」タブでは自動書式設定を解除できる（❶）。「2nd」が「2nd」になるのを防ぐなら、「序数 … に変更する」のチェックを外せばよい（❷）。ハイフンがダッシュになったり、連続するハイフンが罫線に変化するのもここで防げる。最後に「OK」ボタンをクリックする（❸）

<table>
<tr><td>Section
10</td><td>## コピペの手際は
"範囲選択"で決まる</td></tr>
</table>

コピーしたり移動したりするには、まず対象の文字列を選択しなくてはならない。素早く的確に文字列を選択できないと作業がはかどらず、無駄な時間がかかってしまう。そこでコピーの話をする前に、文字列の選択方法から見直していこう。

文字列の選択といえば、基本はドラッグだ。ドラッグするときには、始点から終点までを直接結ぶように最短距離でカーソルを動かすと、素早く選択できる（**図1**）。

「ドラッグするだけ」というと簡単そうだが、マウスが思うように動かず間違った範囲を選択すればやり直しだ。選択範囲が広いと、ドラッグの途中でスクロールが必要になったりもする。ノートパソコンのタッチパッドを使っているなら、操作はなお難しい。そこで使いたいのが、クリック操作による選択だ。

具体的には、範囲の始点でクリックし、終点で「Shift」キーを押しながらクリックする（**図2**）。選択範囲が広い場合、ドラッグ中にスクロールするのは大変だが、クリックを使えば簡単に選択できる。また、終点の位置を間違えた場合、再度「Shift」キーを押しながら正しい位置をクリックすれば、終点だけを変更できるのも便利だ。

日本語の編集では、単語や文章などの単位で選択することが多い。単語を選択するなら、ダブルクリックするだけで選択できる（**図3**）。文単位で選択するなら、「Ctrl」キーを押しながらクリックすると楽だ。段落記号を含めた段落全体を選択するならトリプルクリック（3回クリック）すればよい。このように、クリックでの範囲選択は、回数や組み合わせるキー次第で選択できる範囲を変えられる。

ドラッグでの文字選択は最短距離で

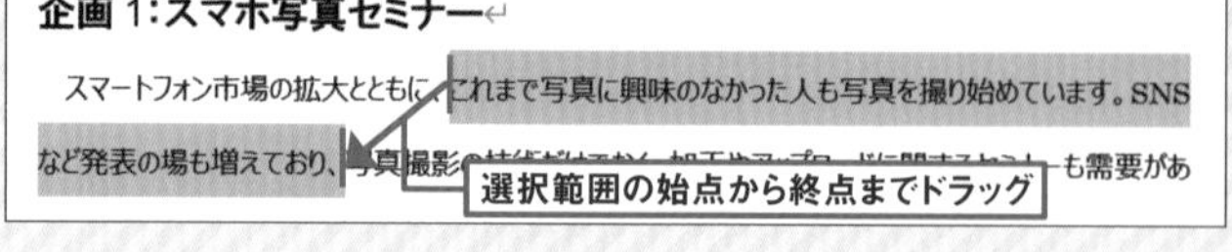

企画1:スマホ写真セミナー

スマートフォン市場の拡大とともに、これまで写真に興味のなかった人も写真を撮り始めています。SNSなど発表の場も増えており、写真撮影の技術だけでなく、加工やアップロードに関するレクチャー も需要があ

選択範囲の始点から終点までドラッグ

図1　文字列を選択するときには、始点から終点まで直接ドラッグするのがコツだ

始点でクリック、終点で「Shift」キー＋クリック

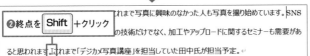

スマートフォン市場の拡大とともに、これまで写真に興味のなかっ ❶始点をクリック　す。SNSなど発表の場も増えており、写真撮影の技術だけでなく、加工やアップロードに関するセミナーも需要があると思われます。これまで「デジカメ写真講座」を担当していた田中氏が担当予定。

❷終点を Shift ＋クリック れまで写真に興味のなかった人も写真を撮り始めています。SNSの技術だけでなく、加工やアップロードに関するセミナーも需要があると思われます。これまで「デジカメ写真講座」を担当していた田中氏が担当予定。

スマートフォン市場の拡大とともに、これまで写真に興味のなかった人も写真を撮り始めています。SNSなど発表の場も増えており、写真撮影の技術だけでなく、加工やアップロードに関するセミナーも需要があると思われます。これまで「デジカメ写真、❸間の文字列が選択される る。

図2　まず、選択したい範囲の始点をクリック（❶）。続いて終点を「Shift」キーを押しながらクリックすれば、始点から終点までの文字列を選択できる（❷❸）。終点がズレた場合は、再度「Shift」キーを押しながらクリックすれば、終点だけを修正できる。また、スクロールが必要な場合は❶の後でスクロールすれば問題ない

単語、文、段落をクリックで選択

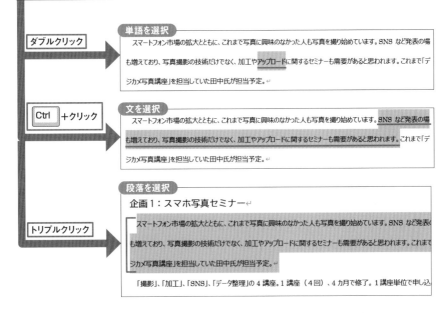

図3　選択したい文字列にカーソルを合わせる。ダブルクリックで単語、「Ctrl」＋クリックで文、トリプルクリックで段落を選択できる

行、段落の選択は左余白でクリック

　行単位で選択する場合、文字列ではなく、文字の左側の余白をクリックする（**図4**）。マウスポインターを左余白に移動し、ポインターが右上向きの矢印に変わったところでクリックするのがコツ。複数行を選択する場合は、左余白をドラッグすると簡単だ（**図5**）。

行単位の選択は左余白をクリックまたはドラッグ

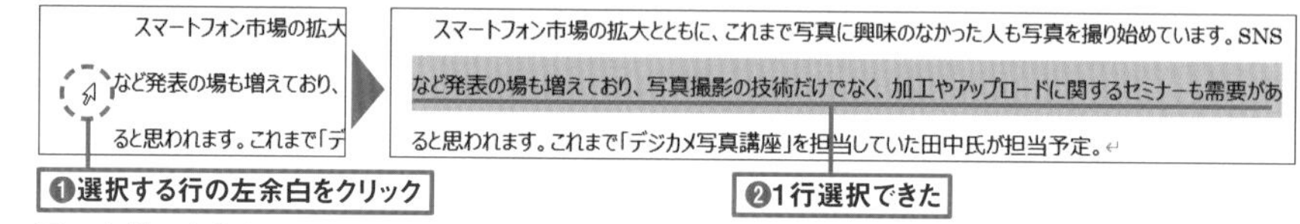

❶選択する行の左余白をクリック　　　❷1行選択できた

図4　左側の余白をクリックすると、1行分の文字列を選択できる（❶❷）

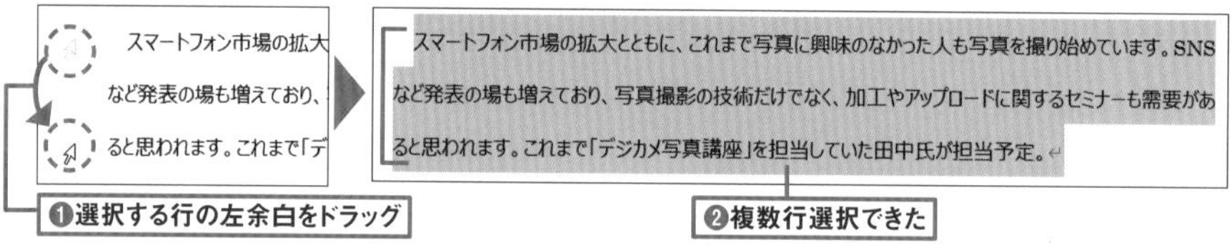

❶選択する行の左余白をドラッグ　　　❷複数行選択できた

図5　左側の余白をドラッグすると、複数の行をまとめて選択できる（❶❷）

左余白のダブルクリックで段落、トリプルクリックで全文選択

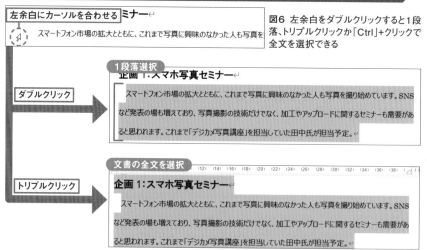

左余白にカーソルを合わせる

図6　左余白をダブルクリックすると1段落、トリプルクリックか「Ctrl」+クリックで全文を選択できる

ダブルクリック　　1段落選択

トリプルクリック　　文書の全文を選択

段落単位で選択する場合は、左余白をダブルクリック（**図6**）。文書の全文を選択するなら、左余白をトリプルクリックするか、「Ctrl」キーを押しながらクリックする。

ドラッグとキーの組み合わせで思い通りに選択

ここまでは連続する文字列の選択方法を見てきたが、選択範囲が飛び飛びの場合でも選択する方法がある。離れた場所にある文字列をまとめて選択できれば、書式などの変更を一度で済ますことができ、編集作業が楽になるはずだ。

離れた場所にある文字列を選択する場合、ドラッグで最初の範囲を選択し、2番目以降は「Ctrl」キーを押しながらドラッグする（**図7**）。

長方形に並んだ文字列は「Alt」キーを押しながらドラッグすることで選択できる（**図8**）。箇条書きの番号だけ太字にしたいといった場合、1カ所ずつ変更するのは面倒だが、この方法で選択すればまとめて変更できる。

「Ctrl」キーの併用で離れた文字列を同時選択

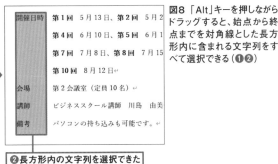

図7 離れた位置にある文字列を選ぶときは、まず1つめの文字列をドラッグなどで選ぶ（❶）。それ以降は、「Ctrl」キーを押しながらドラッグなどで文字列を選択すると、選択範囲が追加される（❷）

「Alt」キーの併用で長方形の範囲内にある文字列を選択

図8 「Alt」キーを押しながらドラッグすると、始点から終点までを対角線とした長方形内に含まれる文字列をすべて選択できる（❶❷）

Section 11 文字選択の自由度アップ マウスを使わない選択術

　マウスを使った操作は直感的でわかりやすいが、キーボードから手が離れるため効率が悪い。ノートパソコンのタッチパッドであればなおのこと操作しづらい。文字列の選択は、キーでもできる。操作している状況に応じて、使いやすい操作方法を選択するのが時短のコツ。小さい文字や句読点を1文字だけ選択するといった操作もキーなら簡単だ。

　キーで範囲選択するには、「Shift」キーを押しながら選択したい方向のカーソルキーを押す。「Shift」+「→」キーを押せば、右側の文字を選択できる（**図1**）。「→」キーを押しすぎたら「←」キーで範囲を狭めることもできる（**図2**）。複数行を選択するなら

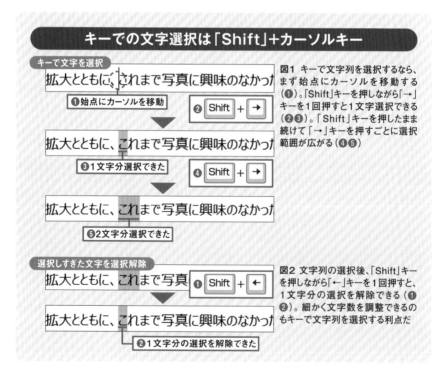

キーでの文字選択は「Shift」+カーソルキー

キーで文字を選択

拡大とともに、これまで写真に興味のなかっ

❶始点にカーソルを移動

❷ Shift + →

拡大とともに、これまで写真に興味のなかっ

❸1文字分選択できた

❹ Shift + →

拡大とともに、これまで写真に興味のなかっ

❺2文字分選択できた

図1　キーで文字列を選択するなら、まず始点にカーソルを移動する（❶）。「Shift」キーを押しながら「→」キーを1回押すと1文字選択できる（❷❸）。「Shift」キーを押したまま続けて「→」キーを押すごとに選択範囲が広がる（❹❺）

選択しすぎた文字を選択解除

拡大とともに、これまで写真

❶ Shift + ←

拡大とともに、これまで写真に興味のなかっ

❷1文字分の選択を解除できた

図2　文字列の選択後、「Shift」キーを押しながら「←」キーを1回押すと、1文字分の選択を解除できる（❶❷）。細かく文字数を調整できるのもキーで文字列を選択する利点だ

「↓」キーを使えばよい（**図3**）。マウスでは難しい範囲選択が簡単にできるショートカットキーもあるので覚えておくと時短に効果的だ

キー操作で始点までカーソル移動

　キーを使った文字列選択は、始点にカーソルを移動することから始まる。カーソルはクリックで移動しても構わないが、せっかくならカーソルを自在に移動できるショートカットキーを覚えておくと、キーだけで文字列を選択することができる。

　1文字分右にカーソルを移動するなら「→」キー、1行分下に移動するなら「↓」キーを押すのが基本的な操作だ。ほかにも「Home」キーで行頭、「End」キーで行末に移動する（**図4**）。カーソル移動のためのショートカットキーはほかにもあるので、よく使うキーがあれば覚えておこう（**図5**）。

次の行まで一気に選択

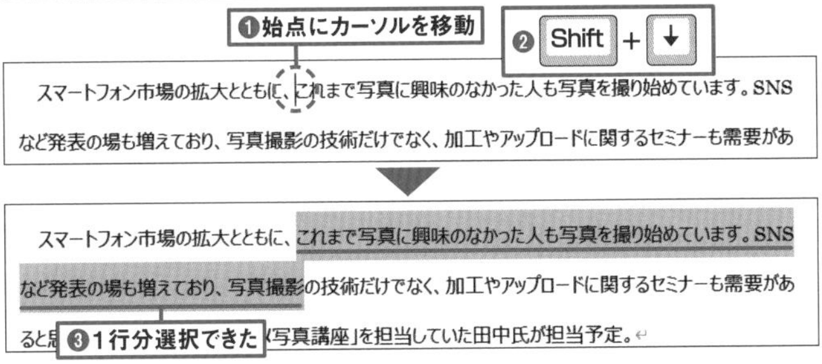

❶始点にカーソルを移動　❷ Shift ＋ ↓

スマートフォン市場の拡大とともに、これまで写真に興味のなかった人も写真を撮り始めています。SNSなど発表の場も増えており、写真撮影の技術だけでなく、加工やアップロードに関するセミナーも需要があ

スマートフォン市場の拡大とともに、これまで写真に興味のなかった人も写真を撮り始めています。SNSなど発表の場も増えており、写真撮影の技術だけでなく、加工やアップロードに関するセミナーも需要があると思▢❸1行分選択できた▢写真講座」を担当していた田中氏が担当予定。

図3　選択範囲が複数行にわたる場合は「Shift」キーを押しながら「↓」キーを押す（❶❷）。1行分の文字列が選択できる（❸）

カーソルは「Home」で行頭、「End」で行末に移動

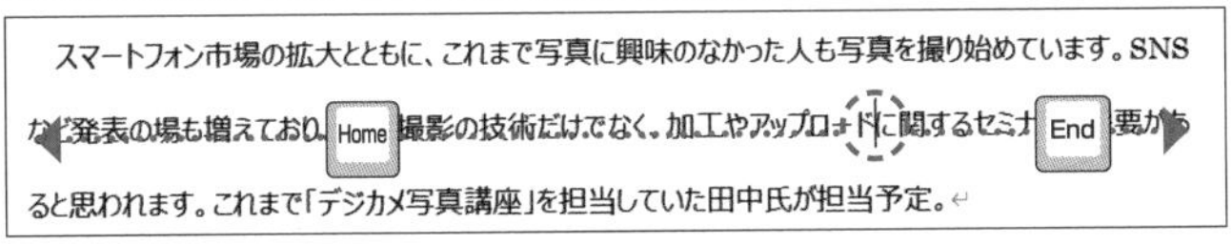

スマートフォン市場の拡大とともに、これまで写真に興味のなかった人も写真を撮り始めています。SNSなど発表の場も増えており、▢Home▢撮影の技術だけでなく、加工やアップロードに関するセミ▢End▢要があると思われます。これまで「デジカメ写真講座」を担当していた田中氏が担当予定。

図4　「Home」キーなら行頭、「End」キーなら行末にカーソルが移動する

長文の編集を助けるカーソル移動のショートカットキー

カーソルの移動先	ショートカットキー	カーソルの移動先	ショートカットキー
文書の先頭	Ctrl ＋ Home	文書の末尾	Ctrl ＋ End
1画面分上	Page Up	1画面分下	Page Down
次ページの先頭（次を検索）	Ctrl ＋ Page Down	前ページの先頭（前を検索）	Ctrl ＋ Page Up

図5　カーソルキーを大きく動かしたいときに便利なショートカットキーも覚えておくと便利だ

Section 12 コピーや移動は ドラッグよりキー操作で

いったん入力したデータは、できるだけ流用するのが時短の王道。コピー・アンド・ペーストの操作に手間取って時短の効果が薄れないよう、操作方法を見直そう。

コピー、切り取り、貼り付けはリボンのボタンから実行できる。しかし、コピー元を選択して「コピー」ボタンをクリックし、移動先を選択して「貼り付け」ボタンをクリックするという手順は、マウスの移動距離が大きく非効率。ドラッグやショートカットキーでも可能な操作なので、状況に応じて効率の良い方法を使い分けられると効率が上がる。

文字列は選択してドラッグするだけで移動できる（**図1**）。コピーなら、「Ctrl」キーを押しながらドラッグすればよい（**図2**）。狭い範囲内での移動やコピーであれば、ドラッグを使うのも悪くない。ただし、時短を目指すなら、基本はショートカットキーだ。

ドラッグ操作は狭い範囲限定

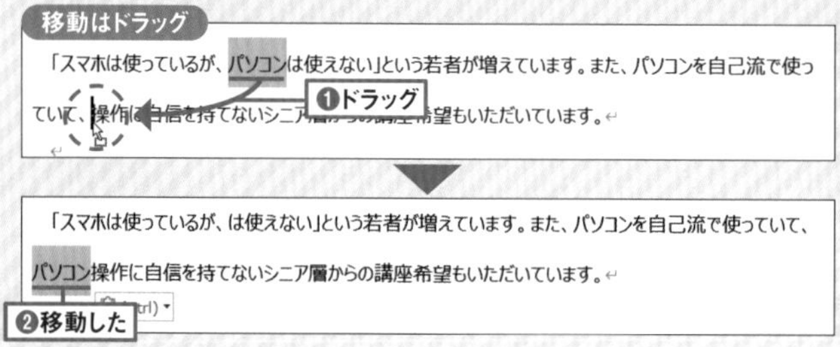

移動はドラッグ

「スマホは使っているが、パソコンは使えない」という若者が増えています。また、パソコンを自己流で使っていて、操作に自信を持てないシニア層からの講座希望もいただいています。

❶ドラッグ

「スマホは使っているが、は使えない」という若者が増えています。また、パソコンを自己流で使っていて、パソコン操作に自信を持てないシニア層からの講座希望もいただいています。

❷移動した

図1 選択した文字列をドラッグすると、文字列が移動する（❶❷）

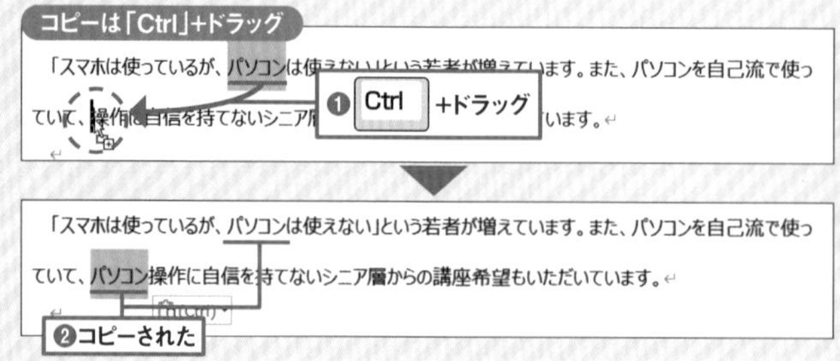

コピーは「Ctrl」+ドラッグ

「スマホは使っているが、パソコンは使えないという若者が増えています。また、パソコンを自己流で使っていて、操作に自信を持てないシニア...います。

❶ Ctrl +ドラッグ

「スマホは使っているが、パソコンは使えない」という若者が増えています。また、パソコンを自己流で使っていて、パソコン操作に自信を持てないシニア層からの講座希望もいただいています。

❷コピーされた

図2 選択した文字列を「Ctrl」キーを押しながらドラッグすると、文字列がコピーされる（❶❷）

ショートカットキーなら離れた場所でも問題なし

コピーは「Ctrl」+「C」キー、切り取りは「Ctrl」+「X」キー、貼り付けは「Ctrl」+「V」キーが、コピーと移動のショートカットキーであり、すでに使っている人も多いはずだ。時短の観点から見て、ショートカットキーを勧める理由は2つある。

貼り付け先が近ければドラッグでもミスは少ない。しかし、貼り付け先が離れていたり、別の文書だったりすると、ドラッグコピーでは「別のウインドウに貼り付けちゃった」といったミスが起こりがち。ショートカットキーなら、画面をスクロールしたり切り替えたりしても問題なく操作できる（**図3**、**図4**）。

離れた場所でもショートカットキーなら簡単コピペ

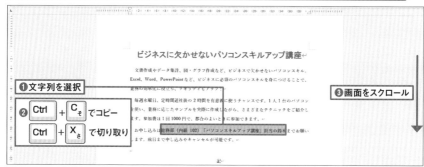

図3 対象となる文字列を選択し、コピーなら「Ctrl」+「C」キー、切り取りは「Ctrl」+「X」キーを押す（❶❷）。そのままスクロールバーで貼り付けたい場所まで画面を移動（❸）

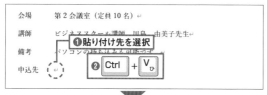

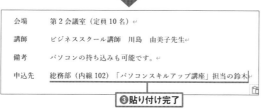

図4 目的の位置にカーソルを置き、「Ctrl」+「V」キーで貼り付ける（❶〜❸）

確かにドラッグより確実だ

「Officeクリップボード」で複数アイテムをまとめてコピー

　ショートカットキーを勧めるもう1つの理由は、クリップボードにある。ショートカットキーなどを使った通常の切り取り／コピーの操作では、データがクリップボードと呼ばれる特殊な記憶領域に残るため、連続して貼り付けられる。一方、ドラッグ操作の場合はクリップボードに残らないので、その都度同じ操作が必要であり、後からもう一度貼り付けるといったことはできない。

　標準のクリップボードに記憶できるのは最新のアイテム1つだけ。新しいデータを書き込むと古いデータは上書きされてしまう。しかし、WordやExcelなどのOfficeアプリでは、最大24個までのアイテムを記憶可能な「Officeクリップボード」が使える。これを利用していれば、必要なデータをコピーしたのに、貼り付ける前にうっかり別のデータをコピーしてやり直し、といったミスの心配はない。複数のアイテムをコピーしてペタペタと貼り付けられるので、データ流用にもってこいだ。

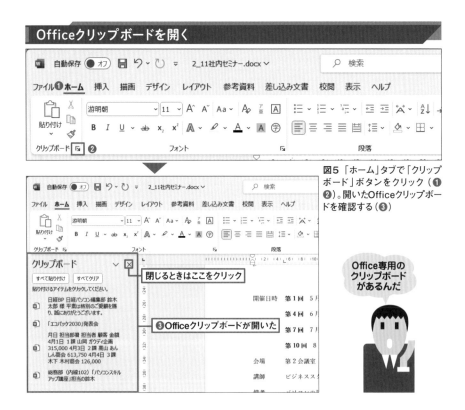

図5 「ホーム」タブで「クリップボード」ボタンをクリック（❶❷）。開いたOfficeクリップボードを確認する（❸）

Officeクリップボードを利用するには、「ホーム」タブの「クリップボード」ボタンをクリックして「クリップボード」ウインドウを開く（**図5**）。この状態でWordやExcelなどのOfficeアプリで切り取り／コピーを実行すると、「クリップボード」ウインドウにデータがたまっていく。「クリップボード」ウインドウからデータを選べば貼り付けられる（**図6**）。

データが24個を超えると、古いデータから順次削除される。コピペしたいデータが多い場合は、Officeクリップボード内の不要なデータを削除することもできる（**図7**）。

Officeクリップボードを頻繁に使う場合は、「オプション」設定で「自動的にOfficeクリップボードを表示」をオンにすると、2回コピーした時点で自動的に開くようになる（**図8**）。なお、クリップボードの内容は再起動や電源オフで消去されるので気を付けよう。

Officeクリップボードなら「選んで貼り付け」

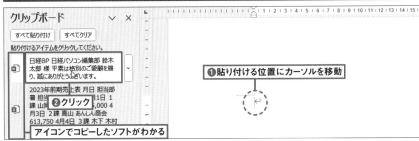

図6 貼り付け位置を選択し、Officeクリップボードから貼り付けるデータをクリックする（❶❷）。選んだデータが貼り付けられ、Officeクリップボードの内容はそのまま残る（❸❹）

Officeクリップボードの設定を変更

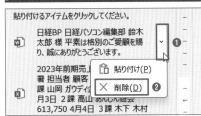

図7 「クリップボード」ウインドウから削除したいものがあれば、右側に表示される「∨」をクリック（❶）。「削除」を選んで個別に削除できる（❷）

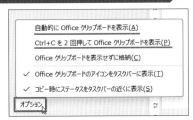

図8 「クリップボード」ウインドウ左下の「オプション」をクリック。頻繁に開くようなら自動的に表示する設定にしておくとよいだろう

Section 13 文字列のコピペは 4つの貼り付け形式を使い分け

　入力済みの文字列をコピーして使うとき、問題になるのが文字列に設定された書式だ。コピー元と貼り付け先でフォントや段落書式が異なる場合、標準ではコピー元の書式のまま貼り付けられるので、後から書式を変更するのに手間がかかってしまう。そんなときのために、Wordでは文字列を貼り付ける形式を選択できる。用途に応じて使い分けることが時短につながる。

　コピーまたは切り取りをした文字列を貼り付けると、直後に「貼り付けのオプション」ボタンが表示され、このボタンから貼り付け形式を選択することができる（**図1**、**図2**）。リボンの「貼り付け」ボタンで貼り付ける際には、「貼り付け」ボタンの下部をクリックすることで貼り付ける形式を選択できる（**図3**）。

「貼り付けのオプション」ボタンで書式を統一

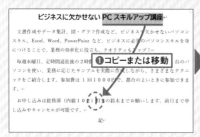
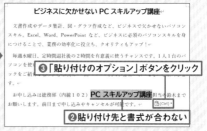

図1 文字列をコピーまたは移動すると（❶）、貼り付け先と書式が異なることがある（❷）。そんなときは「貼り付けのオプション」ボタンをクリック（❸）

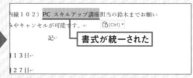

図2 「貼り付けのオプション」から「テキストのみ保持」を選択すると、貼り付け先の書式と同じになる

4つの貼り付け形式の特徴

　貼り付け形式ごとの違いを紹介していこう。

　「元の書式を保持」は、貼り付け後もコピー元の書式がそのまま残る（**図4**）。初期設定で選択されるのはこの形式だが、貼り付け先の書式と合わないことが多い。

　「書式を結合する」は、太字や斜体など一部の書式以外は、貼り付け先の書式に合わせる形式だ（**図5**）。コピー元で指定されていた書式はほとんど消去され、貼り付け先の直前にある文字の書式が適用される。貼り付け先になじませつつも、コピー元で強調されていた文字を目立たせたい場合に使うとよい。

4つの貼り付け形式を使い分けよう

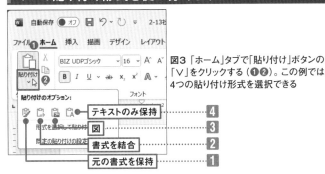

図3 「ホーム」タブで「貼り付け」ボタンの「∨」をクリックする（❶❷）。この例では4つの貼り付け形式を選択できる

1 元の書式を保持

図4 「元の書式を保持」では、コピー元の書式がそのまま貼り付け先でも保持される。貼り付け先とは別の書式になるので違和感が生じることもある

2 書式を結合

図5 「書式を結合」では、貼り付け先の書式に合わせられるが、太字など一部の書式は残る

3 図

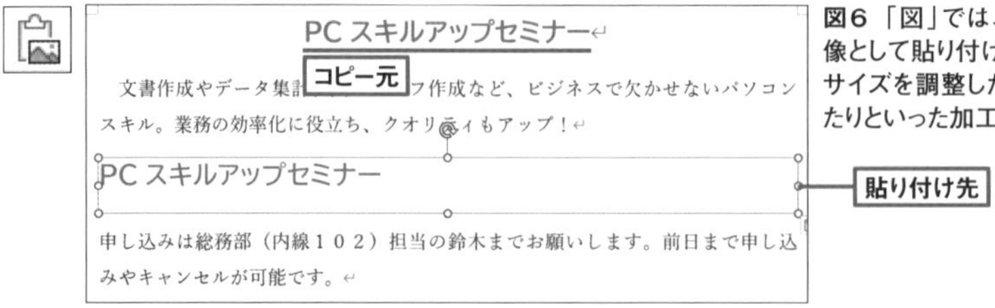

PC スキルアップセミナー↵

文書作成やデータ集計、 コピー元 フ作成など、ビジネスで欠かせないパソコン
スキル。業務の効率化に役立ち、クオリ〇ィもアップ！↵

PC スキルアップセミナー ━━ 貼り付け先

申し込みは総務部（内線１０２）担当の鈴木までお願いします。前日まで申し込
みやキャンセルが可能です。↵

図6 「図」では、文字列が画像として貼り付けられる。画像サイズを調整したり、枠を付けたりといった加工ができる

4 テキストのみ保持

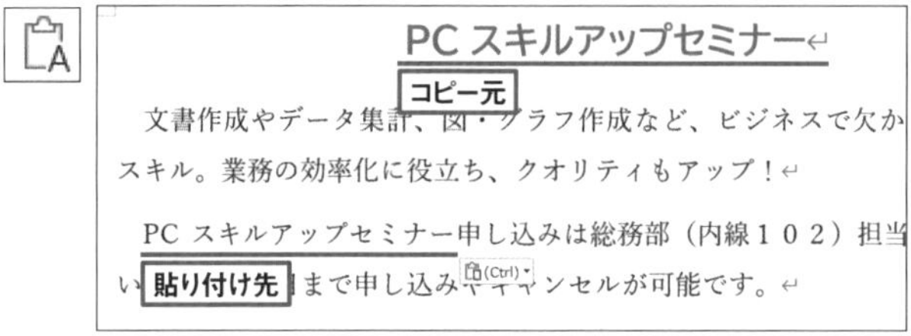

PC スキルアップセミナー↵

コピー元

文書作成やデータ集計、図・グラフ作成など、ビジネスで欠か
スキル。業務の効率化に役立ち、クオリティもアップ！↵

PC スキルアップセミナー申し込みは総務部（内線１０２）担当
い 貼り付け先 まで申し込み ぺ(Ctrl) ヤンセルが可能です。↵

図7 「テキストのみ保持」では、コピー元の書式がすべて削除されたテキストとして貼り付けられるため、貼り付け先の書式が適用される

　「図」は、テキストを画像に変換して貼り付ける形式で、「Microsoft 365」のWordでのみ利用可能。画像なので貼り付け後に文字の修正などはできない。原文のまま引用したいときや、罫線や回転など画像特有の設定をしたいときに便利だ（**図6**）。

　「テキストのみ保持」は、すべての書式設定を破棄し、テキストデータとして貼り付ける形式（**図7**）。貼り付け先として指定したカーソル位置の直前にある文字の書式がそのまま適用される。貼り付け先の書式に完全に合わせたいときにはこの形式を選択する。コピーしたデータに含まれる画像や罫線は削除されるので注意しよう。

既定の貼り付け形式をWordのオプションで指定

　Wordの初期設定では、貼り付けの形式として「元の書式を保持」が選択されている。毎回のようにほかの形式に変更しているのなら、初期設定を変更しよう（**図8**）。文書内でのコピペが多いなら、「同じ文書内の貼り付け」の形式を変更すればよい。

段落書式を残すなら段落記号までコピー

　ところで文字列を貼り付けたら貼り付け先の段落書式が変わってしまった、あるいは見出しをコピペしたのに段落書式がコピーされなかった、といった経験はないだろうか。コピペしたときに、段落書式が引き継がれるかどうかは、コピーする際に段落記号（改行を示す矢印マーク）を含めたかどうかがポイントになる（**図9**）。

段落設定も含めてコピペしたい場合は、段落記号まで含めてコピーし、貼り付け形式で「元の書式を保持」を選択すればよい。段落書式をコピーしたくない場合は、段落記号を含めずにコピーするか、貼り付け後に「テキストのみ保持」などの段落書式を削除する形式を選択する。

よく使う貼り付けの形式を既定にする

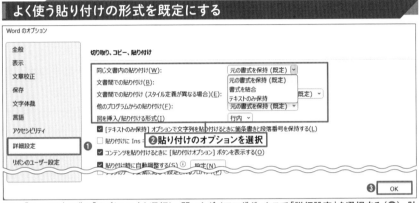

図8 「ファイル」タブで「オプション」を選択し、開いたダイアログボックスで「詳細設定」を選択する（❶）。貼り付けの形式を確認し、必要に応じて変更する（❷❸）

段落記号を含めるかどうかで変わる貼り付けの結果

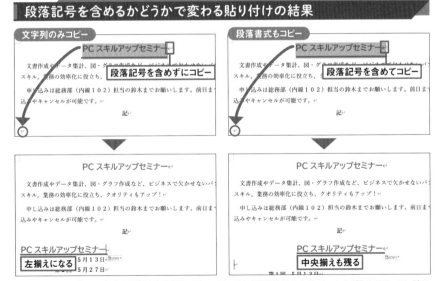

図9 同じように「元の書式を保持」を選択しても、コピー時に段落記号を含めていたかどうかによって、貼り付け後の結果が変わる。段落記号を含めると段落設定もコピーされるので、用途に応じて使い分けよう

Webサイトからのコピーは
ショートカットキーで

　Webサイトの情報を利用する場合、コピーしたいアイテムをWordのウインドウにドラッグ・アンド・ドロップするだけでもWord文書にコピペできる（**図1**）。しかし、両方のウインドウが見えるように調整するなど、別のアプリからのドラッグコピーは手間がかかる。また、この方法だと「貼り付けのオプション」ボタンは表示されない（**図2**）。

　Webサイトからのコピーを簡単に済ませるなら、ショートカットキーを使うのがお勧め（**図3**）。「貼り付けのオプション」ボタンも表示され、「元の書式を保持」「書式を結合」「テキストのみ保持」の3つの形式から選択できる（**図4、図5**）。

　Webサイトのデータを利用する場合は、著作権に十分配慮するのはいうまでもない。Webサイトのデータにはハイパーリンクが設定されていることも多いので、不要な場合は解除するのを忘れずに（**図6、図7**）。

ドラッグでもコピーできるが操作性はイマイチ

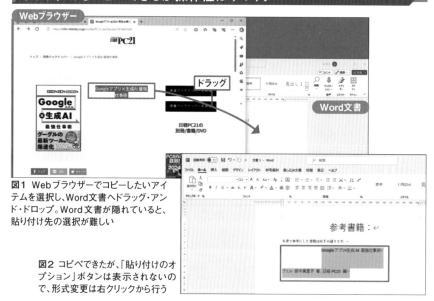

図1 Webブラウザーでコピーしたいアイテムを選択し、Word文書へドラッグ・アンド・ドロップ。Word文書が隠れていると、貼り付け先の選択が難しい

図2 コピペできたが、「貼り付けのオプション」ボタンは表示されないので、形式変更は右クリックから行う

「Ctrl」+「C」キーでコピーすれば形式選択が楽

図3 Webブラウザーでコピーしたいアイテムを選択し、「Ctrl」+「C」キーでコピーする

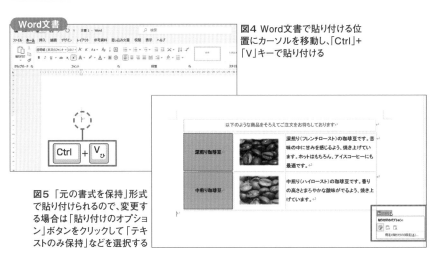

図4 Word文書で貼り付ける位置にカーソルを移動し、「Ctrl」+「V」キーで貼り付ける

図5 「元の書式を保持」形式で貼り付けられるので、変更する場合は「貼り付けのオプション」ボタンをクリックして「テキストのみ保持」などを選択する

ハイパーリンクは右クリックから解除

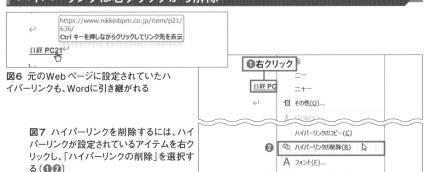

図6 元のWebページに設定されていたハイパーリンクも、Wordに引き継がれる

図7 ハイパーリンクを削除するには、ハイパーリンクが設定されているアイテムを右クリックし、「ハイパーリンクの削除」を選択する（❶❷）

書式設定の繰り返しは「書式のコピー」で解決

　文書を見やすくするために、見出しのフォントや段落書式を変更するのはよくある。同じ書式にしたい文字列が繰り返し出てくる場合は、「書式のコピー」機能で書式だけをコピペすれば手間が省ける（**図1**）。

　コピー元の段落にカーソルを置いて、「ホーム」タブの「書式のコピー/貼り付け」ボタンをクリックする（**図2**）。続けて貼り付け先をクリックすれば、コピー元の文字書式と段落書式が貼り付けられる（**図3**）。ショートカットキーなら、書式コピーが「Ctrl」+「Shift」+「C」キー、貼り付けが「Ctrl」+「Shift」+「V」キーだ。貼り付け先の選択時に、クリックではなくドラッグで文字列を選択すると、文字書式のみを貼り付けられる（**図4**）。「書式のコピー/貼り付け」ボタンをダブルクリックすると、再度「書式のコピー/貼り付け」ボタンをクリックするまで繰り返し貼り付けできることも覚えておこう。

同じ書式の繰り返しはコピーで時短

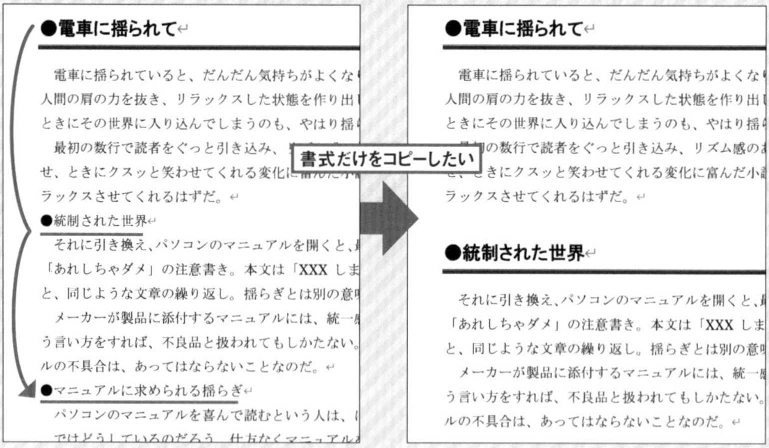

●電車に揺られて

　電車に揺られていると、だんだん気持ちがよくな
人間の肩の力を抜き、リラックスした状態を作り出
ときにその世界に入り込んでしまうのも、やはり揺
　最初の数行で読者をぐっと引き込み、
せ、ときにクスッと笑わせてくれる変化に
ラックスさせてくれるはずだ。

●統制された世界

　それに引き換え、パソコンのマニュアルを開くと、
「あれしちゃダメ」の注意書き。本文は「XXX しま
と、同じような文章の繰り返し。揺らぎとは別の意味
　メーカーが製品に添付するマニュアルには、統一
う言い方をすれば、不良品と扱われてもしかたない。
ルの不具合は、あってはならないことなのだ。

●マニュアルに求められる揺らぎ

　パソコンのマニュアルを喜んで読むという人は、

書式だけをコピーしたい

●電車に揺られて

　電車に揺られていると、だんだん気持ちがよくな
人間の肩の力を抜き、リラックスした状態を作り出
ときにその世界に入り込んでしまうのも、やはり揺
　最初の数行で読者をぐっと引き込み、リズム感の
きにクスッと笑わせてくれる変化に富んだ小説
ラックスさせてくれるはずだ。

●統制された世界

　それに引き換え、パソコンのマニュアルを開くと、
「あれしちゃダメ」の注意書き。本文は「XXX しま
と、同じような文章の繰り返し。揺らぎとは別の意味
　メーカーが製品に添付するマニュアルには、統一
う言い方をすれば、不良品と扱われてもしかたない。
ルの不具合は、あってはならないことなのだ。

図1 1つめの見出しのフォントや段落書式を設定したら、同じレベルの見出しには書式だけをコピーすればよい。何度も同じ書式設定をせずに済む

書式だけをコピーして貼り付ける

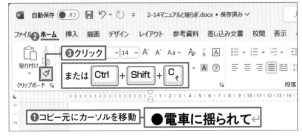

自動保存
2-14マニュアルと揺らぎ.docx • 保存済み
ファイル
❷ホーム
挿入
描画
デザイン
レイアウト
参考資料
差し込み文書
校閲
表示
貼り付け
クリップボード
段落
❸クリック
または Ctrl + Shift + C
❶コピー元にカーソルを移動
●電車に揺られて

図2 書式のコピー元のどこかにカーソルを移動する（❶）。「ホーム」タブの「書式のコピー/貼り付け」ボタンをクリックする（❷❸）

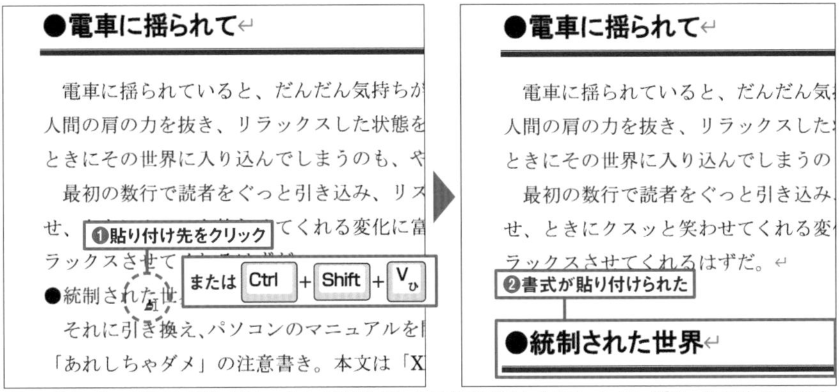
●電車に揺られて
電車に揺られていると、だんだん気持ちが
人間の肩の力を抜き、リラックスした状態を
ときにその世界に入り込んでしまうのも、や
最初の数行で読者をぐっと引き込み、リス
せ、
❶貼り付け先をクリック
てくれる変化に富
ラックスさせて
または Ctrl + Shift + V
●統制された世
それに引き換え、パソコンのマニュアルを
「あれしちゃダメ」の注意書き。本文は「X
●電車に揺られて
電車に揺られていると、だんだん気
人間の肩の力を抜き、リラックスした
ときにその世界に入り込んでしまうの
最初の数行で読者をぐっと引き込み
せ、ときにクスッと笑わせてくれる変
ラックスさせてくれるはずだ。
❷書式が貼り付けられた
●統制された世界

図3 ポインターがはけの形に変わったら、貼り付け先の段落のどこかをクリックする（❶）。段落全体に書式が適用される（❷）

文字書式だけをコピーするならドラッグで貼り付け

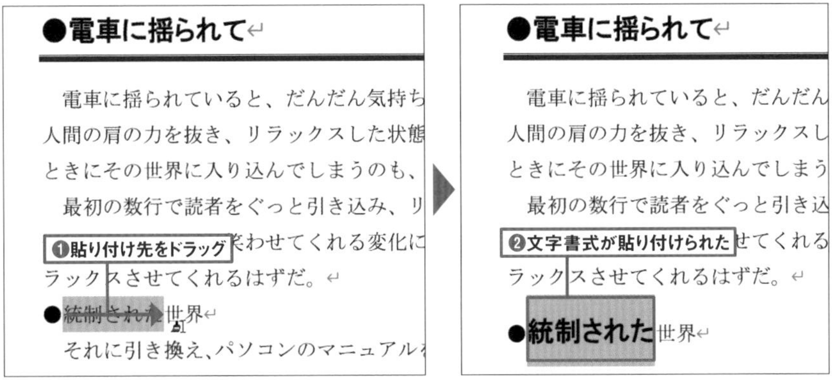
●電車に揺られて
電車に揺られていると、だんだん気持ち
人間の肩の力を抜き、リラックスした状態
ときにその世界に入り込んでしまうのも、
最初の数行で読者をぐっと引き込み、リ
❶貼り付け先をドラッグ
笑わせてくれる変化に
ラックスさせてくれるはずだ。
●統制された世界
それに引き換え、パソコンのマニュアル
●電車に揺られて
電車に揺られていると、だんだん
人間の肩の力を抜き、リラックスし
ときにその世界に入り込んでしまう
最初の数行で読者をぐっと引き込
❷文字書式が貼り付けられた
せてくれる
ラックスさせてくれるはずだ。
●統制された世界

図4 図2で書式をコピーした後、貼り付け先の文字列をドラッグすると、ドラッグした文字列だけに文字書式が貼り付けられる（❶❷）

箇条書きのコピペは
記号や番号の引き継ぎに注意

　行頭に自動で記号や番号が付いた「箇条書き」をコピーした場合、貼り付け先で記号や番号を引き継ぐかどうかで選択できる貼り付け形式が変わる。選択肢は、「リストを結合する」「リストを結合しない」「テキストのみ保持」の3つだ（**図1、図2**）。

　作成中のリストの途中に貼り付ける場合、最適な選択肢は「テキストのみ保持」。書式なしのテキストを貼り付けることで、貼り付け先の書式にすべて統一され、箇条書きの記号や番号も引き継ぐことができる。リストの最後に貼り付ける場合は、どの貼り付け形式を選択しても、コピー元の書式が残ってしまうので、形式はどれでもよい。貼り付け後に「書式のコピー/貼り付け」で書式を統一するとよいだろう。

書式が異なる箇条書きは、「テキストのみ保持」で貼り付け

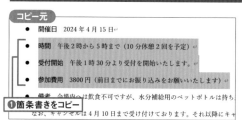
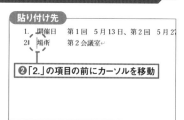

図1 コピー元の箇条書きを選択し、「Ctrl」+「C」キーでコピーする（**❶**）。貼り付け先にカーソルを移動（**❷**）

図2「リストを結合する」（左）、「リストを結合しない」（中）、「テキストのみ保持」（右）で貼り付けた結果。貼り付け形式としては、「テキストのみ保持」を選ぶと手がかからない

第3章

レイアウトから
出力・校閲までを省力化

ビジネス文書に華美なデザインは不要だが、読みやすいレイアウトは大切だ。こうした見栄えの工夫はCopilotに頼めないので、自力でこなす必要がある。最短で見やすいレイアウトを作成し、出力して校閲するまでの便利機能をまとめて紹介しよう。

行間はグリッドへの吸着をオフ、「倍数」と「固定値」で制御

　Wordの行間に関しては、「文字サイズを少し大きくしたら行間が急に広がった」「フォントを変えたら行間が変わった」「Wordが最新になったら行間が広すぎる」などと、トラブルをよく耳にする。その原因は、主に3つある。1つずつ解決していこう。

　まず、文字サイズを少し変えただけで行間が大きく変わる原因は、目に見えないグリッド線に合わせて行間が広がる設定になっていることにある。グリッド線の間隔は9ポイントごとに設定されており、文字サイズの変更によってグリッドに合わなくなると、次のグリッドに合うよう行間が一気に広がってしまうのだ（**図1**）。

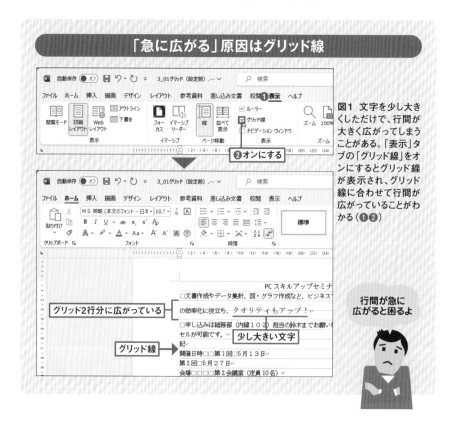

「急に広がる」原因はグリッド線

図1 文字を少し大きくしただけで、行間が大きく広がってしまうことがある。「表示」タブの「グリッド線」をオンにするとグリッド線が表示され、グリッド線に合わせて行間が広がっていることがわかる（❶❷）

❶
❷オンにする

グリッド2行分に広がっている

グリッド線

少し大きい文字

行間が急に
広がると困るよ

グリッド線に合わせる設定は、2段組みで左右の行を揃えるときなどには効果的だが、通常の文書や行間を自由にコントロールしたいときには邪魔になる。この設定を解除するには、段落設定の画面で「1ページの行数を指定時に文字を行グリッド線に合わせる」をオフにする（**図2**）。ここで「既定に設定」を選べば、以降作成する新規文書でもグリッド線への吸着が解除される。この設定で、行間がいきなり広がるトラブルは避けられるが、文字サイズを大きくすると行間が広がる原因はほかにもある。

　Wordで指定できる行間は、大きく2種類に分けられる。「1行」は文字の高さに適度な余白を加えた行間。「1.5行」「2行」「倍数」などは、「1行」を基にした高さ（**図3**）。また、フォントによって同じ文字サイズでも高さが微妙に異なるため、「フォントを変えたら行間がズレた」といったトラブルも起きる。

グリッド線に合わせる設定を解除する

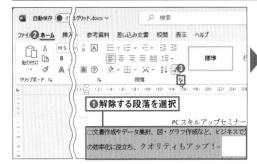

図2 グリッド線に合わせる設定を解除したい段落を選択する（❶）。「ホーム」タブで「段落の設定」ボタンをクリック（❷❸）。「1ページの行数を … 合わせる」をオフにして、「OK」ボタンを押す（❹❺）。以降もグリッド線に合わせないように初期設定を変えるなら「既定に設定」を押そう

「1行」や「倍数」では文字サイズによって行間が変わる

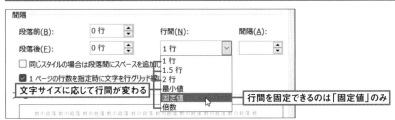

図3 Wordで選べる行間は大きく2種類に分けられる。「1行」や「倍数」などは文字の高さによって行間が決まり、行の途中に大きな文字が入ると行間が広がる

「固定値」と「段落間隔」で思い通りの間隔に

　文字サイズやフォントにかかわらず行間を揃えたいなら、行間を「固定値」に設定する（**図4**）。文字のサイズが12ポイントで、半行分（6ポイント）の空きにするなら、行間は「18pt」だ。「固定値」にすることで、文字の大きさが変わっても同じ行間を保つことができる（**図5**）。

　行間を広げずに見やすくしたいなら、段落の間隔を広げてみよう（**図6**）。段落の区切りがはっきりすることで読みやすくなる。「ホーム」タブの「行と段落の間隔」ボタンから「段落前に間隔を追加」か「段落後に間隔を追加」を選択すると簡単に広げられる（**図7**）。詳細に指定する場合は、図4の手順で設定画面を開き、「段落前」「段落後」の間隔を指定すればよい。

行間を「固定値」で完全固定

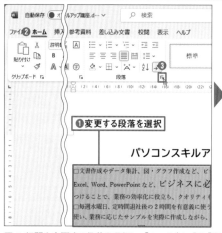

図4 行間を変更する段落を選択し、「ホーム」タブの「段落の設定」ボタンをクリック（❶〜❸）。「行間」を「固定値」に設定し、「間隔」に行の高さを入力する（❹❺）。変更できたら「OK」ボタンをクリック（❻）

図5 行間が18ポイントに固定される。途中に大きな文字やルビ付きの文字があっても、行間は変わらない

最新版で変わった標準の書式設定

　Wordの文字サイズは10.5ポイント、行間は「1行」、段落間隔「0」が標準だった。しかし、2024年に入り、バージョンによっては文字サイズが「11」ポイント、行間は「倍数」の「1.08」、段落後の間隔は「8」ポイントに変更された。グリッドへの吸着はオンが標準のままなので、標準設定で文書を作成すると、かなり行間の広い文書が出来上がる（図8）。グリッドへの吸着はオフ、フォントや文字サイズ、行間などは普段使いやすい設定にして、それを既定として保存しよう（132ページ）。

3章

レイアウトから出力・校閲までを省力化

段落前や段落後の空きを指定

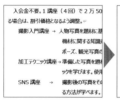

図6 行間がすべて同じだと、段落の区切りがわかりづらい（左）。行間を広げても散漫になるだけだが、段落の間隔を空けることで見やすくできる（右）

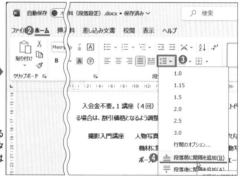

図7 設定を変更する段落をすべて選択する（❶）。「ホーム」タブの「行と段落の間隔」ボタンをクリックし、「段落前に間隔を追加」または「段落後に間隔を追加」を選択する（❷〜❹）

バージョンアップで段落設定が変わることがある

最新版の段落設定

標準設定のままだとバラついた印象に

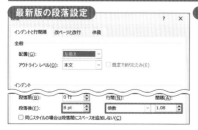

図8 Wordのバージョンによっては、標準のフォントや段落設定が変わっている。行間が広くバラついた印象になるので、適宜設定を変更しよう

箇条書きの活用で
項目や手順を見やすく列挙

　文書を伝わりやすくするポイントの1つは、「箇条書き」にまとめることだ。長々と文章で説明するより、箇条書きで要点を列記したほうが、わかりやすくなるビジネス文書は多い（**図1**）。

文章に箇条書き記号や番号を設定

　先頭に「1.」や「a.」が付いた行を改行したり、「●」や「■」などの記号とスペースを入力したりすると、自動的に箇条書きの書式が適用される（**図2**）。必要のないときにこの機能が働くと邪魔になるので、71ページではその解除方法を紹介した。しかし、本当に連番や箇条書きを利用したいなら話は別。自動的に段落にぶら下げインデントが設定され、2行目以降も記号や数字に続く文章がきれいに揃うので、箇条書きをよく使う人にとってはありがたい機能だ。箇条書きを終えるときには「Enter」キーを押せばよい（**図3**）。

長文より箇条書きで要点をズバリ

毎週水曜日、定時間退社後の2時間を有意義に使うチャンスです。1人1台のパソコンを使い、業務に応じたサンプルを実際に作成しながら、さまざまなテクニックをご紹介します。参加費は1回1000円で、都合のよいときに参加できます。

お申し込みは総務部（内線102）担当：鈴木までお願いします。前日まで申し込みやキャンセルが可能です。

セミナーは2020年4月12日より毎週午後6時から第2会議室にて開催。定員は10名です。講師はビジネススクール講師をされている川島由美子先生。パソコンは準備してありますが持ち込みも可能です。

図1　文章でダラダラ説明されると、要点がわかりづらい。箇条書きにまとめると短時間で伝わりやすい

文章だと
全部読まないと
わからない

■→2020年4月12日より毎週水曜日　午後6時から2時間

■→1回1000円

■→講師：ビジネススクール講師□川島由美子先生

■→場所：第2会議室

■→定員：10名

■→申し込み：総務部（内線102）担当：鈴木まで

後から「やっぱり箇条書きにすればよかった」と思った場合も心配ご無用。入力済みの文字列を箇条書きにするのも簡単だ。箇条書きにする段落を選択し、「箇条書き」ボタンか「段落番号」ボタンから記号や番号を選ぶだけで、箇条書きとなり、ぶら下げインデントの設定も自動的に行われる（**図4**）。

記号や番号を入力して箇条書き設定に

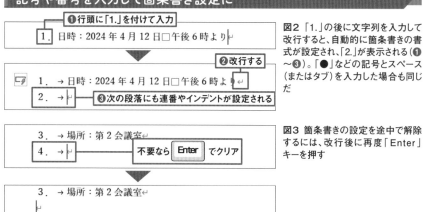

図2 「1.」の後に文字列を入力して改行すると、自動的に箇条書きの書式が設定され、「2.」が表示される（❶～❸）。「●」などの記号とスペース（またはタブ）を入力した場合も同じだ

図3 箇条書きの設定を途中で解除するには、改行後に再度「Enter」キーを押す

後から箇条書きに変更するのも簡単

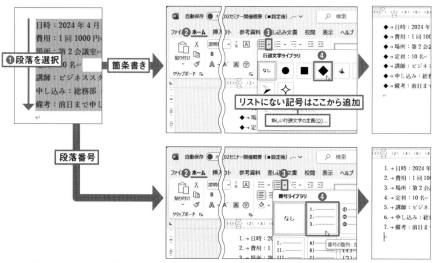

図4 箇条書きにしたい段落を選択する（❶）。「ホーム」タブで「箇条書き」または「段落番号」の「∨」をクリックする（❷❸）。行頭の記号や番号の形式を選択する（❹）

箇条書き機能の最大のメリットは修正・変更への対応力

「記号や番号くらい自分で入力する」という人は、確実に損をしている。なぜなら、手入力した記号や番号は、修正するときに手間がかかるからだ。

箇条書きの途中に項目を追加する場合、手入力だと番号をずらさなくてはならないが、箇条書き機能を使っていれば自動的に番号がずれる（**図5**）。記号や番号が気に入らなければ、箇条書きのどこかを選んで図4の手順で選び直せばよい。

箇条書きの位置は、記号や数字をドラッグするだけで移動できる（**図6**）。記号から項目までの間隔はルーラーでインデント設定を変えてもよいが、「リストのインデントの調整」を使うと0.1mm単位で正確に指定できる（**図7**）。

箇条書き機能なら修正が楽

図5 「3.」に新しい行を追加したいなら、「2.」の行末で改行する（❶）。「3.」の行が追加され、以降の番号が順にずれる（❷）

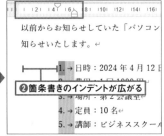

図6 箇条書きの記号や番号を選択してドラッグするだけで、箇条書きのインデントをずらすことができる（❶❷）

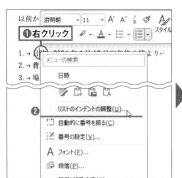
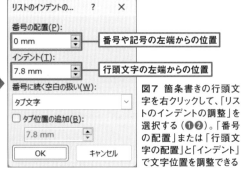

図7 箇条書きの行頭文字を右クリックして、「リストのインデントの調整」を選択する（❶❷）。「番号の配置」または「行頭文字の配置」と「インデント」で文字位置を調整できる

段落内改行やレベル指定で多彩な箇条書きに対応

　行頭に記号があって、その後に説明が続くのが基本的な箇条書きだが、なかには1行目に箇条書きの見出しを置き、改行して説明を入力したいこともある。そんなときは、1行目の入力後に「Shift」+「Enter」キーで改行すればよい。すると同じ段落と見なされ、文字列がきれいに揃う（**図8**）。

　箇条書きの項目がさらに細分化している場合は、項目ごとにレベルを指定して、階層化すればよい。レベルは「Tab」キーか「ホーム」タブの「インデントを増やす」ボタンで下げることができる（**図9**）。レベルを上げるときは「Shift」+「Tab」キーか、「ホーム」タブの「インデントを減らす」ボタンを押す（**図10**）。

箇条書きの見出しだけを1行目に残す

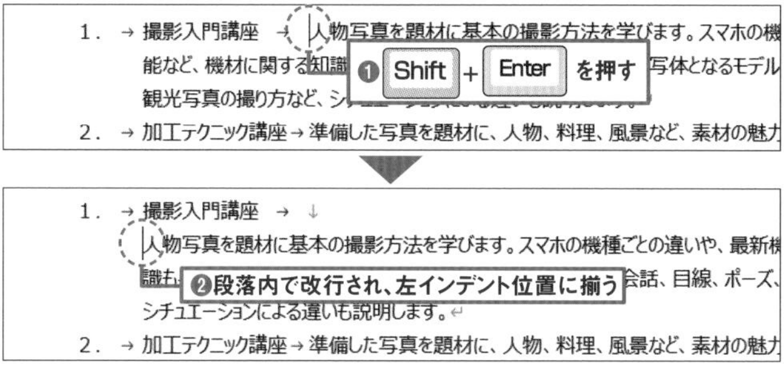

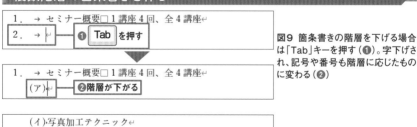

図8 箇条書きの見出しだけを1行目に残し、説明文を2行目以降に送りたいときは、「Shift」+「Enter」キーで段落内改行を行う（❶❷）

複数階層の箇条書きを作る

図9 箇条書きの階層を下げる場合は「Tab」キーを押す（❶）。字下げされ、記号や番号も階層に応じたものに変わる（❷）

図10 階層を上げる場合は「Shift」+「Tab」キーを押す（❶❷）

4種類のタブをマスター
思い通りに文字配置

　項目名とその内容を並べて列挙する場合などに、項目名と内容の間に空白を入れて縦を揃えるのはご法度だ（**図1**）。半角文字が入ればきれいに揃わないし、揃ったとしても修正するたびに位置の調整が必要になる。タブ機能を使えば、そんな苦労をせずにピタリと文字列を揃えることができる（**図2**）。

　タブは文字列の位置を揃えるための機能。タブの設定にはルーラーを使用する。ルーラーは、編集画面上の位置を示す定規のようなもの。「表示」タブで「ルーラー」にチェックを入れると表示される（**図3**）。タブ記号は既定では非表示になっているので、「編集記号の表示/非表示」をオンにしておく。これで準備は完了。

　初期設定では「Tab」キーを押すたびにカーソルが右に動いていく（**図4**）。タブは目に見えないストッパーのようなもので、初期設定では4文字ごとに設定されている。

「スペース」キーでの文字揃えは時間の無駄

空白使用				微妙にズレている			
会員種別□□□月会費□□□ご利用時間□□□□□比率							
正会員□□□ 12,600 円□□ 全日 9:00～23:00□□□ 42.8%							
平日会員□□□8,400 円□□ 平日のみ 9:00～17:00□□ 26.5%							
ナイト会員□□□7,350 円□□ 平日のみ 20:00～23:00□□ 9.8%							
Holiday 会員□ 8,400 円□□ 週末のみ 8:00～23:00□□ 19.9%							

手前の修正で後ろがズレる
□□ご利用時間□□□□□□比率
□9:00～23:00□□□ 42.8%
□平日のみ 9:00～17:00□□ 26.5%
□平日のみ 20:00～23:00□□ 10.8%
□週末のみ 8:00～23:00□□ 19.9%

図1　項目間を「スペース」キーで空けると、一見揃っているように見えて、微妙にズレていることがある（左）。空白で揃えた場合、文字の修正によって文字揃えが崩れて揃え直すのに手間がかかる（右）

タブ使用	右揃え	中央揃え	小数点揃え
会員種別 →	月会費 →	ご利用時間 →	比率
正会員 →	12,600 円 →	全日 9:00～23:00	42.8%
平日会員 →	8,400 円 →	平日のみ 9:00～17:00	6.5%
ナイト会員 →	7,350 円 →	平日のみ 20:00～23:00	10.8%
Holiday 会員 →	8,400 円 →	週末のみ 8:00～23:00	19.9%

図2　タブ機能を使って揃えれば、左揃えだけでなく右揃えや中央揃え、小数点揃えなど多彩な文字揃えが可能だ

タブには「左揃え」「中央揃え」「右揃え」「小数点揃え」の4種類があり、**図5**で設定されているのは左揃えのタブだ。タブ入力後に入力した文字はタブ位置から左揃えで入力できる。初期設定のタブ位置は仮であり、自分でタブ設定を行うと4文字ごとのタブは自動的にクリアされる。揃えたい文字列に応じてタブの種類や位置を設定していくのが、タブの正しい使い方だ。

ルーラーとタブ記号を表示する設定に

図3　「表示」タブで「ルーラー」にチェックを付けると、ルーラーが表示される（❶～❸）。「ホーム」タブで「編集記号の表示/非表示」をクリックして、タブ記号も表示されるようにしておこう（❹❺）

❸ルーラーが表示された

初期設定の「Tab」キーの動きを確認

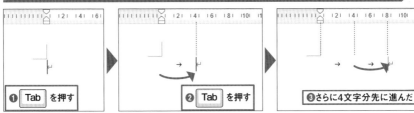

❶ Tab を押す　　❷ Tab を押す　　❸さらに4文字分先に進んだ

図4　「Tab」キーを押すと（❶）、タブ記号（→）が入力され、4文字分右の次のタブ位置までカーソルが移動する。再度「Tab」キーを押すと（❷）、さらに4文字分先に進む（❸）。初期設定では4文字ごとに左揃えのタブが設定されているため、「Tab」キーを押すたびに4文字分ずつ右に移動する

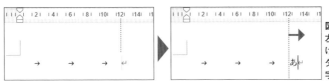

図5　タブの初期設定は左揃えだ。タブ記号に続けて文字を入力すると、タブ位置を左端として文字列が表示される

4種類のタブを使い分けて配置を自在にコントロール

　タブの種類は、ルーラー左上隅にあるボタンで選択する（**図6**）。クリックするたびに種類が切り替わるので、設定したいタブが表示されるまでクリックする（**図7**）。実際にタブを設定する手順を見ていこう。

　タブを設定する位置は文字列の長さ次第で変わるので、入力を先に済ませたほうが効率が良い。揃えたい項目の前にタブ記号を入力しておくのを忘れずに（**図8**）。入力が済んだら、タブで揃えたい段落を選択する。

　ルーラー上でタブ位置を指定する（**図9**）。タブ位置はクリックでも指定できるが、正確に指定したいときにはマウスのボタンを押したままにして、タブ位置を示す点線を設定したい位置までずらしてからボタンを離すとうまく設定できる。

　この例では項目の行にそれぞれ、左揃え、右揃え、中揃え、小数点揃えのタブを設定した（**図10〜図12**）。

項目間をつなぐ点線は「リーダー」でワンタッチ

　項目同士の間隔が離れている場合、間に「リーダー」（線）を入れるとわかりやすい。「…」や「．」を手入力してリーダーを書くと揃えづらいが、タブが入っていれば話は簡

タブの種類と位置を指定して文字を配置

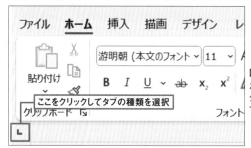

図6 例えば金額を右揃えにするには、「右揃えタブ」を設定する。ルーラー左上隅にあるボタンをクリックすると図7の順番で変化するので、「右揃えタブ」になるまでクリックする

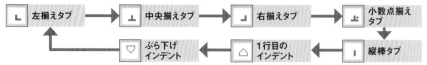

図7 左上隅にあるボタンの表示とタブの種類。クリックで順番に切り替わるので、設定したいタブに応じたボタンになるまでクリックしてから、ルーラー上で設定する位置をクリックする。なお、「1行目のインデント」と「ぶら下げインデント」は、ボタンの表示がルーラー上の表示と逆になっているので注意

項目間にタブ記号を入力

図8 先に入力を済ませたほうが設定しやすい。揃えたい項目の前に「Tab」キーでタブ記号を入力しておく（❶）。文字列を揃えたい段落をドラッグで選択（❷）

❶タブ記号を入れながら項目を入力

4種類のタブを設定

 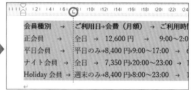

図9 ルーラー上で目盛りの少し下をクリックすると、タブを設定できる。既定では「左揃え」が選択されているので、タブ記号以降の文字列が左揃えで表示される。クリックでの指定が難しい場合は、マウスのボタンを押したままにして、目安の点線を揃えたい位置までドラッグしてからボタンを離すとうまく設定できる

❶何度かクリックして「右揃え」を選択
❷クリック

図10 右揃えのタブを設定するには、ルーラー左上隅にあるボタンをクリックして「右揃え」にしてから、ルーラー上の設定位置をクリックする（❶❷）

❶何度かクリックして「中央揃え」を選択
❷クリック

図11 同様に、中央揃えのタブを設定する（❶❷）

❶何度かクリックして「小数点揃え」を選択
❷クリック

図12 同様に、小数点揃えのタブを設定する（❶❷）

単。タブにリーダーを設定すれば、点線や下線で項目間を結ぶことができる（**図13**、**図14**）。なお、図14左の画面ではリーダーを設定するだけでなく、「すべてクリア」でタブをまとめて削除したり、「既定値」で既定のタブ位置を変更したりもできる。

タブで区切れば作表も簡単

　タブで項目を揃えてみたものの、「やっぱり表形式にすればよかった」ということもあるだろう。表を作る場合、通常は先に表の枠を作ってから文字列を入力するが、その手順だと文字数に合わせて後から列幅などを調整する必要がある。タブ区切りで入力した文字列を表にすれば、文字列に応じた列幅になるため手間が省ける。表に入れる文字列を選択し、「挿入」タブの「表」から「文字列を表にする」を選択すれば、表の枠を自動作成できる（**図15**）。

　設定したタブは、タブマーカーをドラッグすれば位置をずらせるし、削除したければ真下にドラッグすればよい。改行後もタブ設定は引き継がれる。標準の書式に戻すには、「すべての書式をクリア」ボタンでタブと書式を一括削除できる（**図16**、**図17**）。

項目を結ぶ点線をワンタッチで挿入

図13 段落を選択し、リーダーを設定するタブマーカーをダブルクリックする（❶❷）

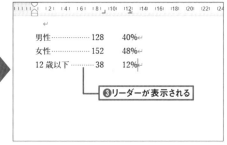

図14 「タブとリーダー」ダイアログボックスが開くので、「リーダー」で線の種類を選択して「OK」ボタンをクリックする（❶❷）。これでタブの位置にリーダーが表示される（❸）

タブで区切っておけば表にするのも簡単

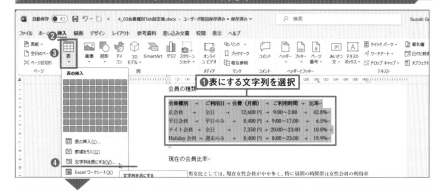

❶表にする文字列を選択

会員種別	ご利用日	会費（月額）	ご利用時間	比率
正会員	全日	12,600 円	9:00～2:00	42.8%
平日会員	平日のみ	8,400 円	9:00～17:00	6.5%
ナイト会員	全日	7,350 円	20:00～23:00	10.8%
Holiday 会員	週末のみ	8,400 円	8:00～23:00	19.9%

図15 タブで区切った文字列を選択し、「挿入」タブの「表」から「文字列を表にする」を選択する（❶～❹）。「文字列の幅に合わせる」を選択して「OK」ボタンを押すと（❺❻）、選択していた文字列が表形式になる（❼）

設定したタブをクリアするには

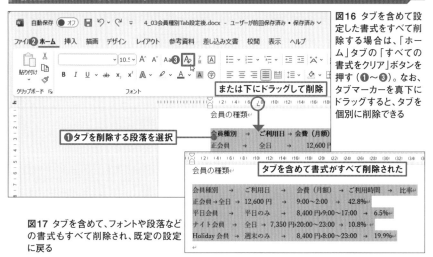

図16 タブを含めて設定した書式をすべて削除する場合は、「ホーム」タブの「すべての書式をクリア」ボタンを押す（❶～❸）。なお、タブマーカーを真下にドラッグすると、タブを個別に削除できる

❶タブを削除する段落を選択

または下にドラッグして削除

タブを含めて書式がすべて削除された

図17 タブを含めて、フォントや段落などの書式もすべて削除され、既定の設定に戻る

Section 04

インデントで階層化すれば文書の構造は一目瞭然

ビジネス文書はひと目で内容を把握できるレイアウトが望ましい。文字数が多い場合は小見出しを立てるなど、わかりやすく見せる工夫が必要だ。小見出しと本文の始まる位置が同じだと、せっかくの小見出しが埋もれてわかりづらい。小見出し、本文、引用文など、文章の役割ごとに段落の開始位置を変えることでこの問題は解決する。左右の余白を増減して配置を調整するインデント機能を使おう。

左インデント、右インデントはリボンから簡単設定

インデントは、段落の開始位置と終了位置を変更する機能。日本語でよく使われるインデントには、段落の始まりを1文字分下げる「字下げインデント」、見出しと本文などを区別するための「左インデント」、箇条書きのように最初の行だけ左に飛び出させる「ぶら下げインデント」がある（**図1**）。

インデントはルーラーで確認や修正ができるので、ここではルーラーを表示した画

字下げを効果的に使えばわかりやすさアップ

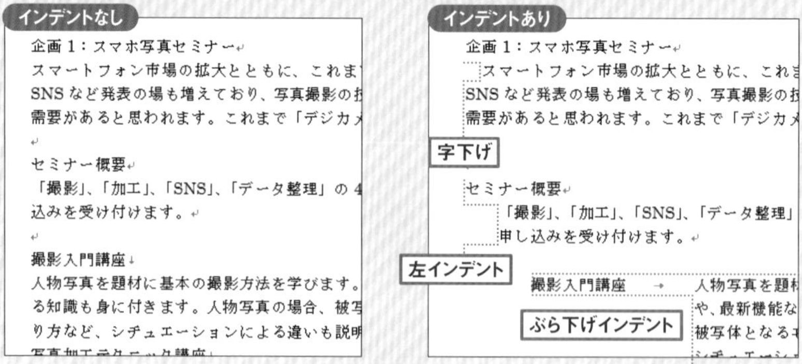

図1　左端までびっしり文字が詰まっていると、階層がわかりづらい（左）。フォントなどを特に変えなくても、内容に応じて字下げをするだけで階層がわかりやすくなる（右）

面で説明する（103ページ図3）。

　開始位置をずらして左余白を広げる「左インデント」はよく使われるため、「ホーム」タブの「インデントを増やす」ボタンや「インデントを減らす」ボタンで1文字分ずつ増減できる（**図2**）。右インデントを設定する場合は、「レイアウト」タブの「インデント」を使う。初期設定では、インデントの設定は1字単位だが、「10mm」のように入力すればミリ単位でも設定できる（**図3**）。左右の余白を広げると1行の文字数が減り、可読性が上がる効果も期待できる。

左右のインデントをリボンから設定

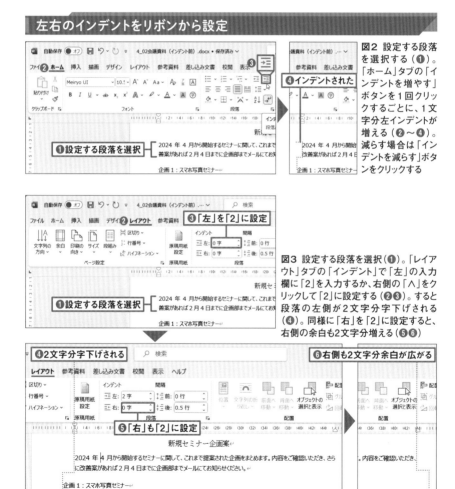

図2 設定する段落を選択する（❶）。「ホーム」タブの「インデントを増やす」ボタンを1回クリックするごとに、1文字分左インデントが増える（❷〜❹）。減らす場合は「インデントを減らす」ボタンをクリックする

図3 設定する段落を選択（❶）。「レイアウト」タブの「インデント」で「左」の入力欄に「2」を入力するか、右側の「∧」をクリックして「2」に設定する（❷❸）。すると段落の左側が2文字分字下げされる（❹）。同様に「右」を「2」に設定すると、右側の余白も2文字分増える（❺❻）

「字下げ」と「ぶら下げ」で段落区切りを明確に

　インデントはルーラー（103ページ）上のインデントマーカーとして表示され、このマーカーをドラッグしてもインデントを変更できる（**図4**）。

　段落の最初を1字下げる「字下げインデント」は、段落の最初に全角の空白を入力するだけで設定できる（**図5**）。改行すると同時に空白が1字下げインデントに変わり、次の段落も1字下げになる。インデントを解除するには「Ctrl」+「Q」キーを押す。

　字下げとは逆に、1行目だけを左に飛び出させる「ぶら下げインデント」は、ルーラーで「ぶら下げインデント」マーカーをドラッグして設定すると簡単だ（**図6**）。左に飛び出させる項目名の後にタブ記号を入力しておくのがポイント。

　ルーラーでの設定がわかりづらい場合は、「段落の設定」ダイアログボックスを使えば左右と1行目のインデントをまとめて設定することも可能だ（**図7**）。

　「1　商品名　価格　説明文」のように、複数の項目が並び、最後の説明文が複数行にわたる場合、インデントとタブを組み合わせるとうまく設定できる（**図8**）。

　改行後、タブやインデントの設定をすべてクリアして本文の設定に戻したいときには、「ホーム」タブの「すべての書式をクリア」ボタンを使うと簡単だ。

ルーラーでインデント位置を確認、変更

1行目のインデント

ぶら下げインデント

左インデント　　　右インデント

図4 ルーラーに表示されるインデントマーカーで設定を確認したり、ドラッグで変更したりできる

入力中の字下げインデントは「スペース」キーで簡単設定

❶段落の始めに全角の空白を入力

❷字下げインデントが設定される

図5 段落の先頭で「スペース」キーを押して全角の空白を入力すると、自動的に1字下げのインデントが設定される（❶❷）［注］

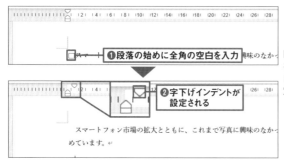

スマートフォン市場の拡大とともに、これまで写真に興味のなかめています。

［注］Wordのオプションで「入力オートフォーマット」の設定を変更している場合は、空白を入力してもインデントが設定されないことがある。73ページ図9の「行の始まりのスペースを字下げに変更する」をオンにする

1行目だけ左に残すぶら下げインデントはルーラーで設定

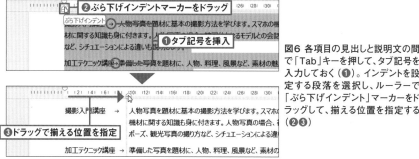

図6 各項目の見出しと説明文の間で「Tab」キーを押して、タブ記号を入力しておく（❶）。インデントを設定する段落を選択し、ルーラーで「ぶら下げインデント」マーカーをドラッグして、揃える位置を指定する（❷❸）

インデントを数値で指定

図7 インデントをまとめて設定する場合は、「レイアウト」タブの「段落の設定」ボタンをクリック（❶❷）。「左」（または「文字列の前」）で左インデント、「右」（または「文字列の後ろ」）で右インデントを指定する（❸）。字下げインデントとぶら下げインデントは「最初の行」で選び、インデント幅を「幅」欄に入力する。指定できたら「OK」ボタンを押す（❹）

複雑な文字揃えはインデントとタブの合わせ技で実現

図8 左端に1行目のインデントを設定し、説明文の頭をぶら下げインデントで揃える。それ以外に揃える文字列があればタブを設定する

Section
05

長文レイアウトの鍵は
スタイル設定にあり

　見出しが出てくるたびにフォントや段落の設定をするのは手間がかかるうえ、「この見出しだけ大きさが違う!」といったミスにもつながる。短い文書なら「書式のコピー」で揃えてもよいが、長文であれば「スタイル」機能を使うのが時短のポイントだ。Wordには、見出しや引用など、用途別のスタイルが既定で登録されているので、スタイルを選ぶだけで、さっと書式設定を済ませることができる（**図1**）。

　連続してスタイルを適用するなら、「スタイル」ウインドウを表示すると、リボンより多くのスタイルが表示されるので選びやすい（**図2**）。スタイルには、「段落」「文字」「リンク（段落と文字）」の3種類がある。「段落」スタイルは、文字列を選んでいても段落全体の書式が変わってしまうので注意が必要だ（**図3**）。「文字」スタイルは文字書式のみのスタイルで、選択中の文字列のみ書式が変わる（**図4**）。「リンク（段落と文字）」スタイルは、段落を選択していると段落全体にスタイルが適用されるが、文字列を選択しているとその文字列だけ書式が変わる。

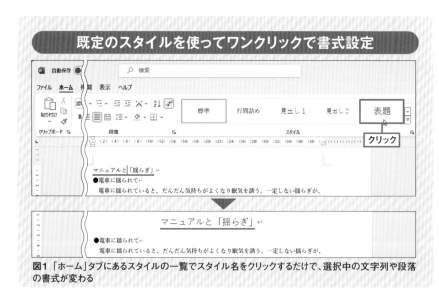

図1「ホーム」タブにあるスタイルの一覧でスタイル名をクリックするだけで、選択中の文字列や段落の書式が変わる

スタイルを使うならリボンより「スタイル」ウインドウが便利

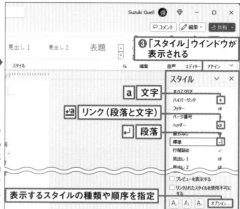

図2「ホーム」タブで「スタイル」ボタンをクリックすると、「スタイル」ウインドウを表示できる（❶〜❸）。「スタイル」ウインドウではリボンより多くのスタイル名が表示される。「オプション」ボタンをクリックして「表示するスタイル」を「すべてのスタイル」にすると、登録された全スタイルを表示できる

段落スタイル、文字スタイルを使い分け

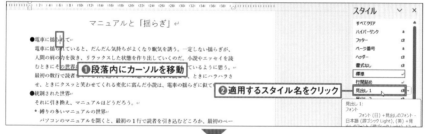

図3 段落書式を含めて適用するには、段落内にカーソルを置くか、段落記号まで含めて選択（❶）。「段落」か「リンク（段落と文字）」のスタイルを選ぶ（❷❸）。スタイルの種類は右端のアイコンでわかる（図2右参照）

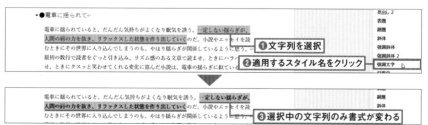

図4 一部の文字列にだけスタイルを適用する場合は、文字列を選択して、「文字」か「リンク（段落と文字）」のスタイルを選択する（❶〜❸）

スタイルなら最短で修正可能

　既定のスタイルを使うポイントは、用途優先で選ぶこと。見出しであれば、階層ごとに「見出し1」「見出し2」といったスタイルを適用する。「見出しはもっと目立たせたい」といった場合は、「テーマ」で文書全体の書式を一新できる（**図5、図6**）。

　スタイルごとに登録された書式を変更することも可能だ（**図7**）。文書全体の書式をスタイルでコントロールしていれば、「見出しは青じゃなくて緑!」といった急な指示があっても臨機応変に対応できる。

テーマ変更でイメージ一新

図5　「デザイン」タブで「テーマ」をクリックし、好みの
テーマを選ぶ（❶〜❸）

図6　選んだテーマに従って、スタイル全体の書式が
変更される。気に入らなければ再度選び直せばよい

既定のスタイルを「自分好みの書式」に変更

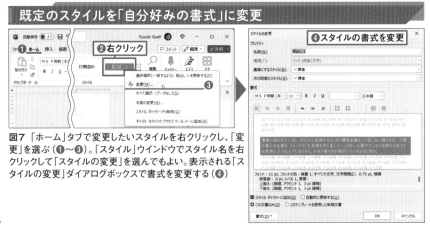

図7　「ホーム」タブで変更したいスタイルを右クリックし、「変更」を選ぶ（❶〜❸）。「スタイル」ウインドウでスタイル名を右クリックして「スタイルの変更」を選んでもよい。表示される「スタイルの変更」ダイアログボックスで書式を変更する（❹）

図7右の画面では、「基準にするスタイル」と「次の段落のスタイル」を指定できる。例えば、「基準にするスタイル」を「標準」にした場合、「標準」スタイルを変更すると、連動して変更される。「（スタイルなし）」にしておけば、そのような意図しない変更を防げる。見出し用のスタイルであれば、「次の段落のスタイル」として本文用のスタイルを指定しておくのも時短ポイント。そのスタイルを適用して見出しを入力後、改行すると自動的に本文用のスタイルに変わるので、スタイル切り替えの手間が省ける。

新規にオリジナルスタイルを作成

　よく使う書式をオリジナルのスタイルとして登録しておけば、書式変更は確実に楽になる。登録したい書式を設定した文字列を選択して作業を始める（**図8、図9**）。スタイルギャラリー右下にある「スタイル」ボタンをクリックして、「スタイルの作成」を選ぶ。表示される画面で新しいスタイル名を入力し、「OK」を押す。

オリジナルのスタイルを新規作成

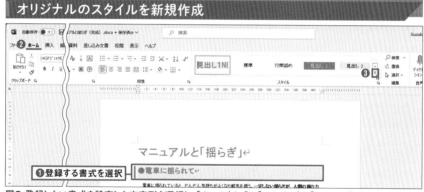

❶登録する書式を選択

図8 登録したい書式を設定した文字列を選択し、「ホーム」タブの「スタイル」で「スタイル」ボタンをクリックする（❶～❸）

❷スタイル名を入力

図9 メニューから「スタイルの作成」を選択する（❶）。「名前」にスタイル名を入力して「OK」ボタンを押す（❷❸）

Section 06 見出しスタイルから目次を自動作成

「見出し」スタイルを適用した段落や、アウトライン機能で見出しレベルを設定した段落は、「目次」機能で書式を選ぶだけで、目次を作成できる（**図1**）。内容を書き換えた場合は、「目次の更新」をクリックすれば目次も更新できるので簡単だ（**図2**）。

初期設定では、「見出し1」（アウトライン「レベル1」）から「見出し3」までの段落が目次としてピックアップされる。「ユーザー設定の目次」を利用すれば、見出しレベルや書式の変更も可能だ。目次が不要になった場合は、「目次の削除」で削除できる。

目次を自動作成

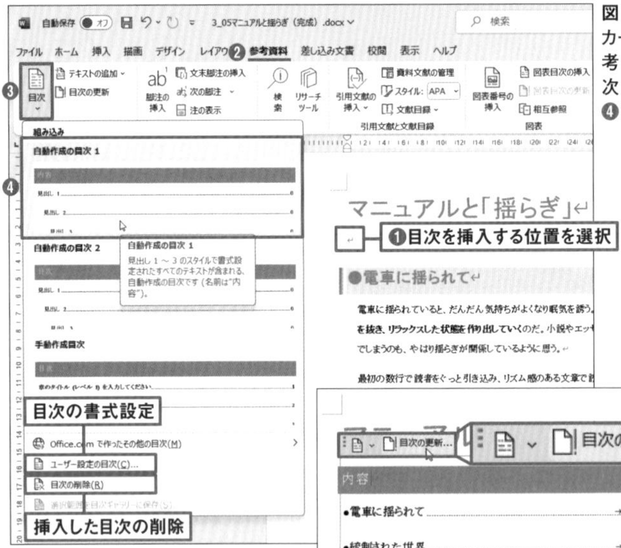

図1 目次を挿入する位置にカーソルを移動する（❶）。「参考資料」タブの「目次」から目次の書式を選択する（❷～❹）

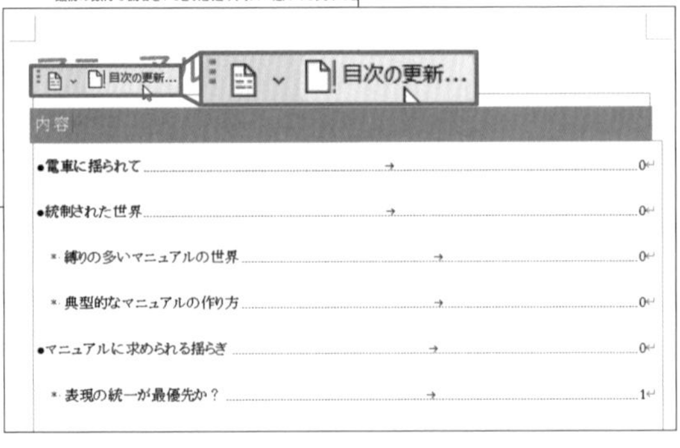

図2 目次が挿入される。内容を更新した場合は、目次のどこかを選択し、「目次の更新」を選べば自動更新できる

見出しスタイルを利用して パワポのスライドを自動作成

　見出しスタイルやアウトライン機能で見出しレベル設定を使った文書は、そのまま PowerPointで開いて、スライド作成に利用できる。PowerPointでWordファイルを開いてみよう（**図1**）。「見出し1」（アウトライン「レベル1」）の段落が各スライドの見出しになり、以下の見出しレベルもそのまま引き継がれる（**図2**）。「見出し」以外のスタイルを適用した段落は、PowerPointで読み込めなかったり、見出し扱いになったりするので、適宜修正する。スライドのデザインなどを指定して仕上げよう。

見出し付きのWord文書をPowerPointで読み込む

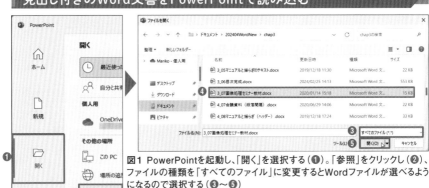

図1 PowerPointを起動し、「開く」を選択する（❶）。「参照」をクリックし（❷）、ファイルの種類を「すべてのファイル」に変更するとWordファイルが選べるようになるので選択する（❸〜❺）

結果を確認し、必要な処理をする

Wordで「見出し1」（アウトライン「レベル1」）にした見出し

なぜプロはPhotoshopを使うのか

図2 「見出し1」がスライドごとのタイトルになり、ほかの見出しも読み込まれる。ただし「標準」などのスタイルは読み込まれない

Section 08 ページ番号は選ぶだけ 書式も開始番号も自在に設定

　ビジネス文書では、ページが複数あればページ番号を付けるのがマナー。ページ番号は、「挿入」タブの「ページ番号」から、場所と書式を選んで挿入するのが簡単だ（**図1**）。ページ番号の位置は、「ページの上部」（ヘッダー）か「ページの下部」（フッター）から選ぶとよいだろう。ページ番号だけのノーマルなものから、罫線などで飾ったものまで、さまざまなスタイルから選択可能だ。すべてのページに同じ書式で自動入力されるので、番号が飛ぶようなミスもない。

ページ番号は「挿入」タブからワンタッチ

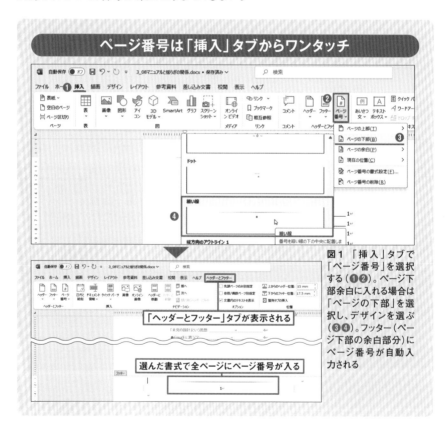

図1　「挿入」タブで「ページ番号」を選択する（❶❷）。ページ下部余白に入れる場合は「ページの下部」を選択し、デザインを選ぶ（❸❹）。フッター（ページ下部の余白部分）にページ番号が自動入力される

ページ番号機能なら変更も楽

　書式などの変更が楽にできるのも、ページ番号機能を使う利点の1つだ。書式を変えたいなら、どこかのページで変更すれば全ページに反映される（**図2**）。

　表紙にはページ番号を入れたくないなら「ヘッダーとフッター」タブで「先頭ページのみ別指定」にチェックを付ける（**図3**）。これで表紙のページ番号を消してもほかのページ番号は残る。次のページ（本文の1ページ目）のページ番号が「2」のままでは困るので、ページ番号の設定画面を表示させ、開始番号を「0」にする（**図4**）。これで2ページ目のページ番号が「1」に変わる。

ページ番号の変更は全ページに自動適用

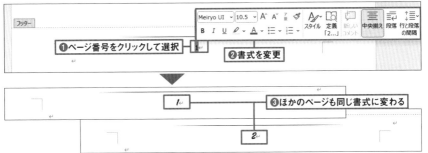

図2 どこかのページでページ番号を選択する（❶）。書式を変更すると、その書式が全ページに適用される（❷❸）。ここでは、フォントを大きめの太字に変更した

開始ページや開始番号も設定可能

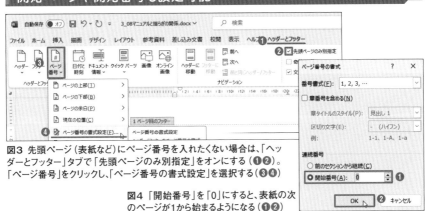

図3 先頭ページ（表紙など）にページ番号を入れたくない場合は、「ヘッダーとフッター」タブで「先頭ページのみ別指定」をオンにする（❶❷）。「ページ番号」をクリックし、「ページ番号の書式設定」を選択する（❸❹）

図4 「開始番号」を「0」にすると、表紙の次のページが1から始まるようになる（❶❷）

日付やファイル名は
ヘッダーやフッターで一括入力

　ビジネス文書では、作成年月日や文書名といった補足的な情報を、ページの欄外に表記することがよくある。これらの欄外文字は、「ヘッダー」と「フッター」の領域に入力しよう（**図1**）。ヘッダーはページ上部、フッターはページ下部の余白内に設定された別領域。本文を編集しても位置がずれる心配がなく、一度設定すれば全ページに自動的に表示されるので手間いらずだ。

　ヘッダーやフッターの入力は、専用の編集モードで行う。上下にある余白部分をダブルクリックすることで、編集モードが切り替わる（**図2～図4**）。

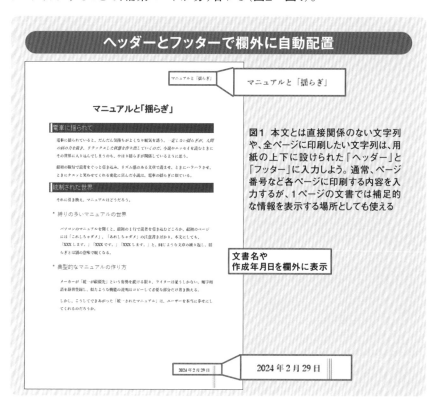

ヘッダーとフッターで欄外に自動配置

図1　本文とは直接関係のない文字列や、全ページに印刷したい文字列は、用紙の上下に設けられた「ヘッダー」と「フッター」に入力しよう。通常、ページ番号など各ページに印刷する内容を入力するが、1ページの文書では補足的な情報を表示する場所としても使える

文書名や
作成年月日を欄外に表示

ヘッダー／フッターを設定する

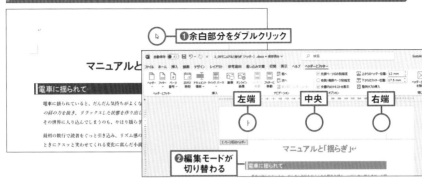

図2 上か下の余白部分をダブルクリックすると（❶）、画面がヘッダーとフッターの編集モードに切り替わる（❷）。本文は淡い表示になり、編集できなくなる。カーソルがヘッダーやフッターの1行目に表示され、そのまま入力すると左端に入力される。右端をダブルクリックすると右寄せ、中央部分をダブルクリックすると中央揃えで文字を入力できる

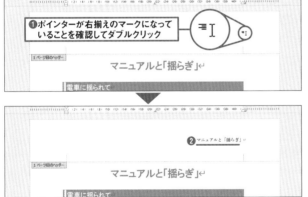

図3 行の中央や右端をダブルクリックするときは、マウスポインターに「中央揃え」や「右揃え」のマークが表示されているのを確認する（❶）。あとはカーソル位置から文字を入力すればよい（❷）

図4 用紙の上端からヘッダーの1行目までの距離を「ヘッダーとフッター」タブの「上からのヘッダー位置」で指定する（❶❷）。この例では文書の上余白が25mmなので、バランスを考えて「12mm」にした。「フッターに移動」ボタンをクリックすると（❸）、カーソルがフッターへ移動する

3章
レイアウトから出力・校閲までを省力化

121

日付や文書タイトルをフッターに簡単入力

　ビジネス文書でヘッダーやフッターに入れる文言には、日付、文書タイトル、作成者など、いくつかの定番がある。ヘッダーやフッターの編集中に表示される「ヘッダーとフッター」タブには、こうした情報を自動入力するためのボタンがあるので、使ってみよう。

　ページ番号や日付は「ヘッダー」や「フッター」を使うと、項目とデザインを組み合わせた複数のスタイルから選択できる（**図5**）。日付はカレンダーから選ぶだけでよい（**図6**）。ファイル名や作成者など、ファイルのプロパティに登録されている情報は、「ドキュメント情報」から選択するだけで入力できる。編集を終えるには、「ヘッダーとフッターを閉じる」ボタンをクリックするか、本文領域をダブルクリックする（**図7**）。

Column 途中のページからヘッダー／フッターを切り替え

　長文の場合、章ごとにヘッダーやフッターを変更したいこともある。そんなときは、変更したい区切りの位置に「セクション区切り」を挿入する（**図A**）。ヘッダーかフッターをダブルクリックし、「ヘッダーとフッター」タブで「前と同じヘッダー/フッター」をオフにすれば、セクションごとにヘッダーとフッターを指定できるようになる（**図B**）。

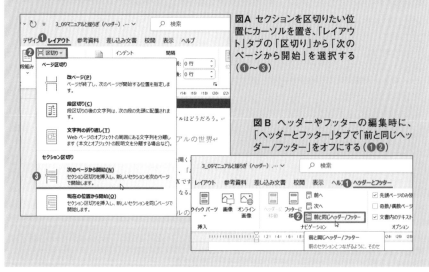

図A セクションを区切りたい位置にカーソルを置き、「レイアウト」タブの「区切り」から「次のページから開始」を選択する（①〜③）

図B ヘッダーやフッターの編集時に、「ヘッダーとフッター」タブで「前と同じヘッダー/フッター」をオフにする（❶❷）

ヘッダー／フッターツールで入力の手間いらず

❹フッターが挿入された

図5「ヘッダーとフッター」タブで「ヘッダー」や「フッター」をクリックすると、登録されたスタイルからヘッダーやフッターを選択できる（❶〜❹）。なお、「挿入」タブの「ヘッダー」「フッター」ボタンでも、同様の操作が可能

日付はカレンダーから選択

❹日付が表示される

❸日付を選択

図6 日付が入ったフッターの場合は、「[日付]」をクリックする（❶）。右側に表示される「▼」をクリックするとカレンダーが開くので（❷）、日付をクリックして選ぶと日付を入力できる（❸❹）

図7「ヘッダーとフッター」タブの「ヘッダーとフッターを閉じる」ボタンをクリックするか（❶❷）、本文の領域をダブルクリックすると、通常の編集モードに戻る

長い文章、小さい文字は段組みで読みやすく

　小さい文字がびっしりと詰まった文書は読みづらい。少しでも見やすくしようと思うなら、インデントや段組みを使って1行の文字数を減らすと読みやすくなる。

　段組みは、1行を2列以上に区切って表示する機能（**図1**、**図2**）。1行の文字数が減るのはもちろん、段の間隔がページ内に空白部分を作ることで詰まった印象を軽減できるというメリットもある。

　設定は簡単だ。「レイアウト」タブの「段組み」ボタンから、段の数を選ぶ（**図3**、**図4**）。文書全体を段組みにする場合はどこにカーソルがあってもよい。一部の段落だけを段組みにする場合は、対象となる段落を選択してから操作する（**図5**）。段組みの開始位置や段の幅などを指定する場合は、「段組みの詳細設定」を選択して表示されるダイアログボックスで設定する（**図6**）。

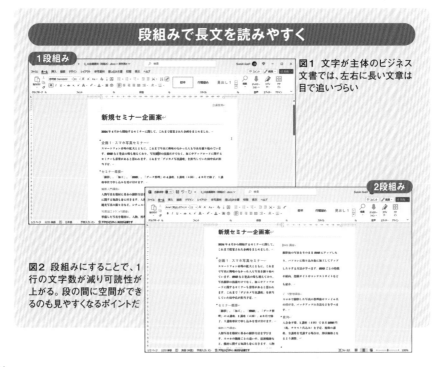

段組みで長文を読みやすく

図1　文字が主体のビジネス文書では、左右に長い文章は目で追いづらい

図2　段組みにすることで、1行の文字数が減り可読性が上がる。段の間に空間ができるのも見やすくなるポイントだ

文書全体を2段組みにする

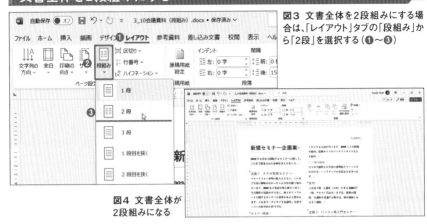

図3 文書全体を2段組みにする場合は、「レイアウト」タブの「段組み」から「2段」を選択する（①～③）

図4 文書全体が2段組みになる

一部の段落を2段組みにする

❶段組みにする段落を選択

図5 部分的に2段組みにする場合は、対象の段落を選択（①）。「レイアウト」タブの「段組み」から「2段」を選択する（②～④）。選択していた段落だけが、2段組みになる

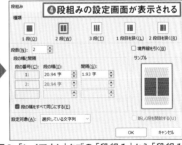

❹段組みの設定画面が表示される

図6 「レイアウト」タブの「段組み」から「段組みの詳細設定」を選ぶと、不均等な段組みや、段組みの開始位置などを指定できる（①～④）

罫線と背景色で
際立つ見出しを簡単作成

　通常のビジネス文書であれば色付けや飾りは不要だが、プレゼン時の企画書のように見た目が重要な文書もある。気の利いたタイトルデザインくらいは、パパッと作れるようにしておきたい。そこで役立つのが罫線機能だ。

　見出しに線を引くとき、フォントの下線機能を使うと文字と線がくっついて見栄えが悪い（**図1**）。かといって図形の四角形を重ねると、ピタリと揃えるのが難しく、修正時にズレたりもする。罫線機能なら上下左右の好きな位置に罫線を引き、背景色も付けられる（**図2**、**図3**）。段落スタイルや書式のコピーにも対応しているので、繰り返し出てくる見出しでも安心して指定できる。

見出しを目立たせるならフォントではなく罫線機能で

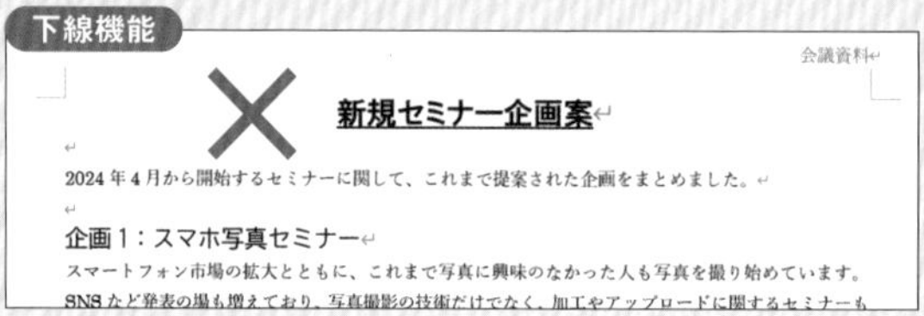

下線機能

会議資料

✕ **新規セミナー企画案**

2024 年 4 月から開始するセミナーに関して、これまで提案された企画をまとめました。

企画1：スマホ写真セミナー
スマートフォン市場の拡大とともに、これまで写真に興味のなかった人も写真を撮り始めています。
SNS など発表の場も増えており、写真撮影の技術だけでなく、加工やアップロードに関するセミナーも

図1「フォント」の「下線」では、文字と線が近すぎる。文字の上や左右に線を引くこともできないなど、不自由な点が多い

図2　罫線機能を使えば、文字の上下左右、自由な位置に線を引ける

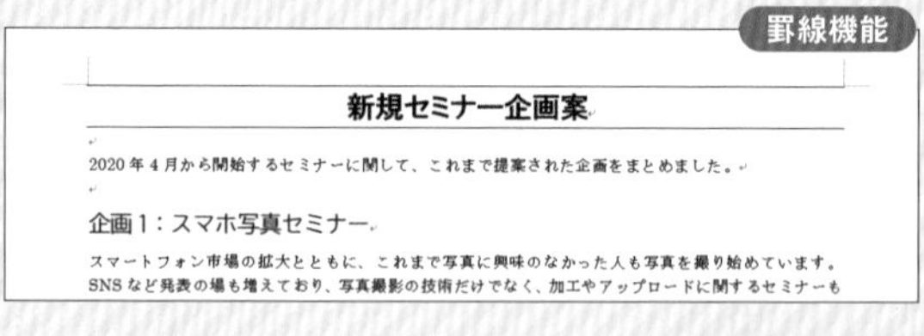

罫線機能

新規セミナー企画案

2020 年 4 月から開始するセミナーに関して、これまで提案された企画をまとめました。

企画1：スマホ写真セミナー
スマートフォン市場の拡大とともに、これまで写真に興味のなかった人も写真を撮り始めています。
SNS など発表の場も増えており、写真撮影の技術だけでなく、加工やアップロードに関するセミナーも

図3　背景の色も付けられるので、罫線と組み合わせると目立つデザインも思い通りに作れる

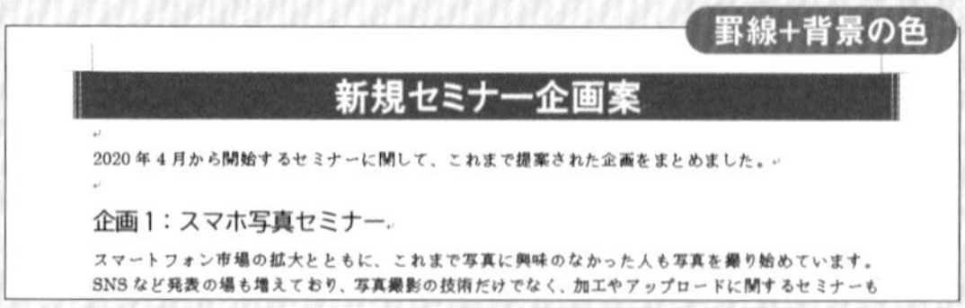

罫線＋背景の色

新規セミナー企画案

2020 年 4 月から開始するセミナーに関して、これまで提案された企画をまとめました。

企画1：スマホ写真セミナー
スマートフォン市場の拡大とともに、これまで写真に興味のなかった人も写真を撮り始めています。
SNS など発表の場も増えており、写真撮影の技術だけでなく、加工やアップロードに関するセミナーも

設定する際は、段落記号まで含めて段落全体を選択するのがコツだ（**図4**）。文字単位で選択すると、文字を囲む罫線になってしまう。「罫線」で「下罫線」を指定すると、文字から少し離れた位置に、左右の余白まで罫線を引くことができる。「上罫線」も同様に指定できるので、手軽に目立つタイトルを作れる（**図5**）。文字列が上下の罫線のどちらかに寄ってしまう場合は、段落設定で「1ページの行数を指定時に文字を行グリッド線に合わせる」をオフにしてみよう（95ページ）。

　段落全体に上下の罫線を指定すると、左右の余白までの罫線になる。長すぎる場合は、インデント機能で余白を広げることで罫線を短くすることもできる（**図6**）。

段落の上下に罫線を引く

図4 設定したい段落の左余白をクリックし、全体を選択する（❶）。「ホーム」タブにある「罫線」ボタン右の「∨」から付けたい線を選ぶ（❷～❹）。この例では「下罫線」を選んだので、段落の下に罫線が表示される（❺）

図5 この例では上にも線を引きたいので、再度「罫線」ボタン右の「∨」から「上罫線」を選ぶ（❶❷）。段落の上にも罫線が表示される（❸）

インデントで罫線の長さをコントロール

図6 ルーラーを表示させ、「左インデント」と「右インデント」をドラッグして罫線の長さを調整する

複数段落を罫線でまとめる

サブタイトルやリードが付く場合、左右の罫線を付けるとタイトルとのまとまりが出る。黒い細枠では味気ないので、太めの緑色のラインを左右に設定してみよう。

線の種類を指定する場合は、「罫線」ボタンから「線種とページ罫線と網かけの設定」ダイアログボックスを表示する（**図7**）。左右だけに罫線を引くには、「種類」で「指定」を選択し、線の種類、色、太さを指定する（**図8**）。「プレビュー」にあるボタンで左右の罫線だけを指定すれば設定完了。段落の左右のみに罫線が引ける。

色付きの罫線や太い罫線を指定

図7　左余白をドラッグして罫線でまとめる段落を選択する（❶）。「ホーム」タブにある「罫線」ボタン右の「∨」から「線種とページ罫線と網かけの設定」を選択する（❷〜❹）

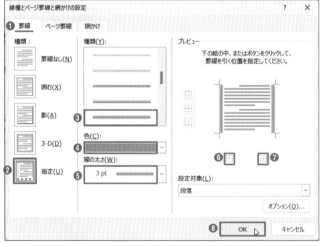

図8　「罫線」タブで「指定」を選択（❶❷）。「種類」「色」「線の太さ」を指定する（❸〜❺）。「プレビュー」の「左罫線」と「右罫線」をクリックして「OK」ボタンを押す（❻〜❽）

背景色と罫線で目立つタイトルに

　文字列に背景色を付けるには、罫線機能で「網かけ」（塗り色）を指定する。罫線や文字色と組み合わせれば、凝ったタイトルも作れそうだ。「線種とページ罫線と網かけの設定」ダイアログボックスで「網かけ」タブを選び、背景色を指定する（**図9**）。

　ただし、設定した罫線によっては、網かけや罫線が左右の余白にはみ出すことがある。そんなときは、罫線の設定画面で「オプション」を選び、「文字列との間隔」で調整するとよい（**図10**）。

3章
レイアウトから出力・校閲までを省力化

段落に背景色を設定

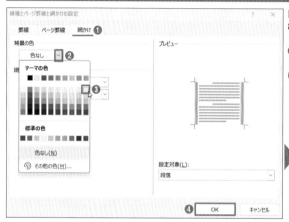

図9 背景色を指定する場合は、図8の画面で「網かけ」タブを選択（❶）。「背景の色」を指定する（❷❸）。「OK」ボタンをクリックする（❹）。設定によっては、罫線が余白にはみ出すことがある

余白にはみ出した罫線は「文字列との間隔」で調整

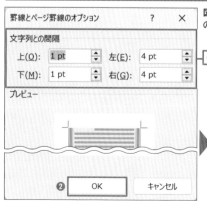

図10 図8の画面で「オプション」をクリック。「文字列との間隔」を調整する（❶❷）

❶プレビューを見ながら間隔を指定する

129

縦横混在もコラム作りも
テキストボックスで解決

　1つの文書の中で縦書きと横書きを混在させたり、本文から独立したコラムを作ったりするとき、役に立つのがテキストボックスだ。テキストボックスは文字を入力できる特殊な枠で、文書内の好きな場所に配置できる。縦書き用と横書き用があり、色やサイズも指定できるので、変則的なレイアウトが簡単に作れる（**図1、図2**）。

　横書きのコラムなら、「挿入」タブの「図形」から「テキストボックス」（横書き用）を選択し、ドラッグで位置を指定する（**図3**）。ボックス内にカーソルが表示されるので、そのまま文字を入力すればよい。中の文字列に合わせてテキストボックスの大きさを調整するには、枠の上下左右と四隅にあるハンドル（小さい円）をドラッグする。

　初期設定では、黒枠の四角形になっているので、「図形のスタイル」から目的に応じた色や枠線を指定する（**図4**）。本文とコラムが重なっている場合は、「レイアウトオプション」を使ってテキストボックスの周囲に本文を回り込ませる（**図5**）。

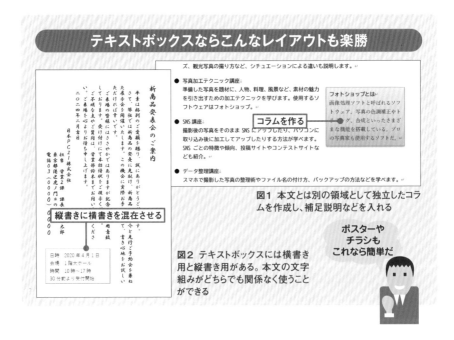

テキストボックスならこんなレイアウトも楽勝

コラムを作る

フォトショップとは
画像処理ソフトと呼ばれるソフトウェア。写真の色調補正やトリミング、合成といったさまざまな機能を搭載している。プロの写真家も使用するソフトだ。

図1　本文とは別の領域として独立したコラムを作成し、補足説明などを入れる

縦書きに横書きを混在させる

図2　テキストボックスには横書き用と縦書き用がある。本文の文字組みがどちらでも関係なく使うことができる

ポスターや
チラシも
これなら簡単だ

新しいテキストボックスを作成

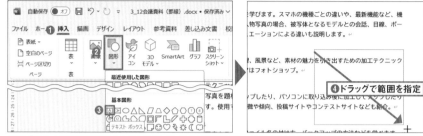

図3 「挿入」タブの「図形」から「テキストボックス」を選択（❶～❸）。コラムを作りたい位置をドラッグで指定し（❹）、ボックスができたら文字を入力して文字列に合わせてボックスの大きさを調整する

テキストボックスの枠線と塗り色を設定

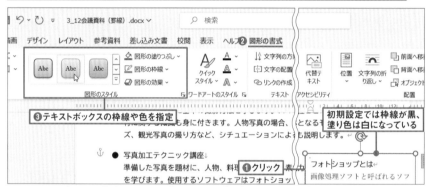

図4 テキストボックスの枠線をクリックし、「図形の書式」タブを選択（❶❷）。「図形のスタイル」から好みのデザインを選ぶか、「図形の塗りつぶし」や「図形の枠線」で色や線を指定する（❸）

本文をテキストボックスの周囲に回り込ませる

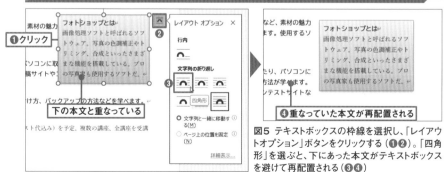

図5 テキストボックスの枠線を選択し、「レイアウトオプション」ボタンをクリックする（❶❷）。「四角形」を選ぶと、下にあった本文がテキストボックスを避けて再配置される（❸❹）

Section
13

新規文書は「よく使う書式」で開く

　新規文書を作成すると、フォントや段落、ページレイアウトなどの書式には標準の設定が適用される。よく使う書式が標準設定と違い、毎回変更しているのなら、よく使う設定を既定にしよう。Wordのバージョンによっても標準の書式は変わることがあるため、「元に戻したい」という場合も既定の変更が必要だ（**図1**）。

　既定のフォントを変更するには、「フォント」ダイアログボックスを開き、いつも使うフォント設定に変更して「既定に設定」ボタンをクリックする（**図2、図3**）。今後作成する新規文書すべてにこの設定を適用するには、「Normal.dotmテンプレートを使用したすべての文書」を選択する［注］。同様に既定のページ設定を変更する場合は「レイアウト」タブで「ページ設定」ダイアログボックスを開いて設定する（**図4、図5**）。

　なお、初期設定に戻したいときには、変更したときと同じ手順で元の設定に戻せばよい。また、設定を登録した「Normal.dotm」ファイル（Wordの標準テンプレート）を削除すると、次回のWord起動時にすべて初期設定に戻る。

図1 初期設定の「段落」設定ダイアログ。同じMicrosoft 365版のWordでも、バージョンによって標準の設定が変わることがある

［注］アクセス許可の設定やアドインなどが原因で、既定のフォントを変更しても元に戻ってしまうことがある

既定のフォントを設定

図2 「ホーム」タブで「フォント」欄右下の「フォント」ボタンをクリックする（❶❷）

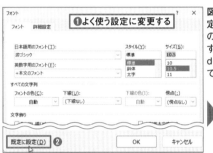

図3 既定にしたいフォントの設定を行い、「既定に設定」ボタンをクリックする（❶❷）。この例では、日本語用のフォントを「游ゴシック」の「10.5ポイント」に変更した。すべての新規文書で既定を変更するには、「Normal.dotmテンプレートを使用したすべての文書」を選択して、「OK」ボタンをクリックする（❸❹）

既定のページレイアウトを変更

図4 「レイアウト」タブで「ページ設定」欄右下の「ページ設定」ボタンをクリックする（❶❷）

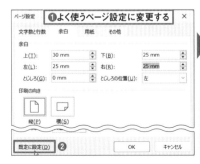

図5 「余白」タブや「用紙」タブで普段使うページ設定に変更する（❶）。余白を狭くした場合は、「その他」タブでヘッダー、フッターの距離も短くしておこう。最後に「既定に設定」ボタンをクリックする（❷）。確認画面で「はい」を選べば設定完了だ（❸）

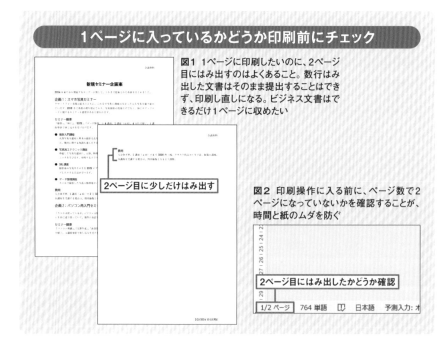

Section 14

2ページ目にはみ出す文書を 1ページに収めて印刷

　印刷してみたら1ページのはずが2ページ目にはみ出していた……。こんな失敗を多くの人が経験しているだろう（**図1**）。この失敗を防ぐには、印刷前にページ数を確認することが第一（**図2**）。そして、少しだけ2ページ目にはみ出した文章を1ページに収める方法は2つある。

　1つは、ページ全体を縮小印刷すること。2ページ目にほんの数行はみ出してしまう場合、ページ全体を少し縮小することで1ページに収める「1ページ分縮小」を使えば、ワンクリックで1ページに収めてくれる。文字は少し小さくなるが、操作はワンクリックなので手間がかからない。ただし、この機能は通常表示されない"裏メニュー"。クイックアクセスツールバーから呼び出せるように設定して使おう（**図3〜図5**）。

1ページに入っているかどうか印刷前にチェック

図1 1ページに印刷したいのに、2ページ目にはみ出すのはよくあること。数行はみ出した文書はそのまま提出することはできず、印刷し直しになる。ビジネス文書はできるだけ1ページに収めたい

2ページ目に少しだけはみ出す

図2 印刷操作に入る前に、ページ数で2ページになっていないかを確認することが、時間と紙のムダを防ぐ

2ページ目にはみ出したかどうか確認

「1ページ分縮小」をクイックアクセスツールバーに登録

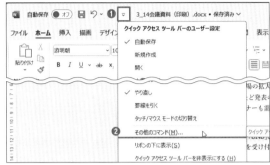

図3 画面左上にある「クイックアクセスツールバーのユーザー設定」をクリックし、「その他のコマンド」を選択する（❶❷）

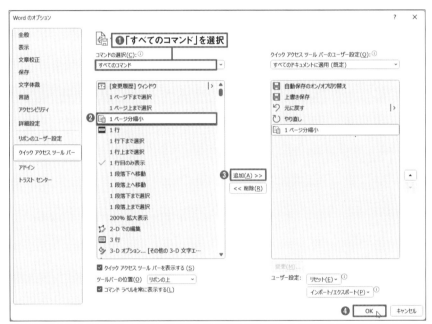

図4 表示されるダイアログボックスの左側で追加する機能を選ぶ。「コマンドの選択」で「すべてのコマンド」を選択し、「1ページ分縮小」を選択する（❶❷）。「追加」ボタンをクリックし、「OK」ボタンを押す（❸❹）

図5 クイックアクセスツールバーに「1ページ分縮小」ボタンが追加されたことを確認する

クイックアクセスツールバーの設定後は、このボタンをクリックするだけで縮小できる（**図6、図7**）。この例では、本文の文字サイズが10.5ポイントから10ポイントに縮小され、はみ出していた文章が1ページに収まった。

この機能で1ページに収まらない場合は「これ以上ページを圧縮することはできません。」というエラーメッセージが表示される。そんなときや、文字サイズを小さくしたくない場合には、余白や行間を調整する。左右の余白を狭めるほど、1行に入る文字数が増えるが、読みやすさを考えれば上下左右それぞれに1cm以上の余白は必要だ（**図8**）。

行間を詰めて1ページに収めようとする場合、段落ごとに行間を微調整するのは手間がかかるので、1ページに入る行数を調整するとよい（**図9**）。ただし、行間を「固定」の設定にしている場合、この操作では行間を縮めることはできない。

余白などを調整しても1ページに入らない場合、箇条書きなど文字が小さめな部分を選んで2段組みにするのも効果的だ（**図10**）。

「1ページ分縮小」で1ページに収める

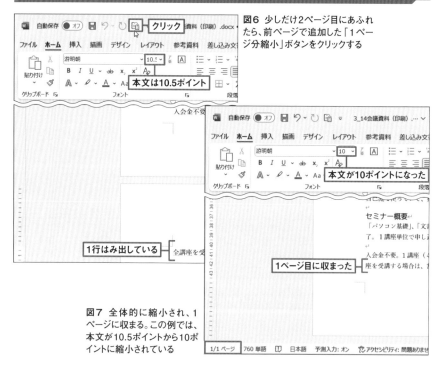

図6　少しだけ2ページ目にあふれたら、前ページで追加した「1ページ分縮小」ボタンをクリックする

図7　全体的に縮小され、1ページに収まる。この例では、本文が10.5ポイントから10ポイントに縮小されている

余白を調整して1ページに収める

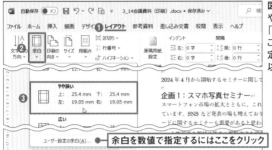

図8 「レイアウト」タブの「余白」で、「やや狭い」や「狭い」を選択する（①〜③）。「ユーザー設定の余白」でもっと狭めることもできるが、ヘッダーとフッターが設定されている文書の場合、「やや狭い」以上には狭められない

1ページに入る行数を増やす

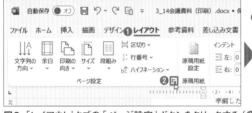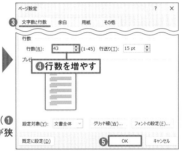

図9 「レイアウト」タブの「ページ設定」ボタンをクリックする（①②）。「文字数と行数」タブで「行数」を増やすと、基本の行間が狭くなり、1ページに入る行数が増える（③〜⑤）

箇条書きなどは段組みで省スペース

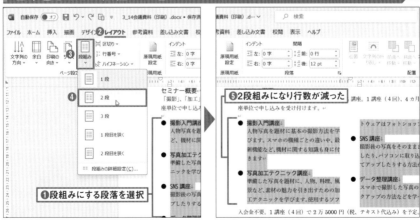

図10 段組みにすると行数を減らせる場合もある。段落を選択し、「レイアウト」タブの「段組み」から「2段」を選択（①〜④）。これで選択した段落が2段組みになり、行数が減って1ページに収まることもある（⑤）

Section
15

宛名を変えて
同じ文面の手紙を量産

受け取った案内状や招待状に自分の名前があるかないかで、印象は大きく変わるものだ。同じ内容の文書を多くの人に送る場合に、宛名や文面の一部を宛先ごとに変更する「差し込み印刷」を使えば、手間をかけずに個別の宛名を印刷できる。

Wordで差し込み印刷を行う場合、Word文書と、宛名などをリスト化したExcelファイルを用意する（**図1**）。Word文書には内容以外に後から宛名を表示するための欄を作っておく。Excelの表には、送付先全員の宛名が入っていることを確認しておこう。

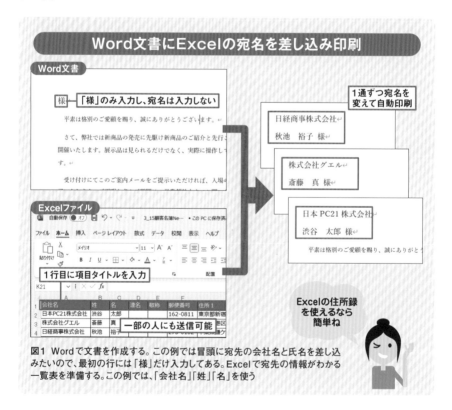

図1 Wordで文書を作成する。この例では冒頭に宛先の会社名と氏名を差し込みたいので、最初の行には「様」だけ入力してある。Excelで宛先の情報がわかる一覧表を準備する。この例では、「会社名」「姓」「名」を使う

差し込み用のデータを指定する

　Word文書を開いたら、「宛先の選択」で差し込む宛先を入力したExcelファイル
を指定する（**図2～図4**）。Excelファイルの中で、一部の宛先だけを使用する場合は、
「アドレス帳の編集」で使用しない宛先のチェックを外しておく（**図5、図6**）。

差し込むExcelファイルを指定

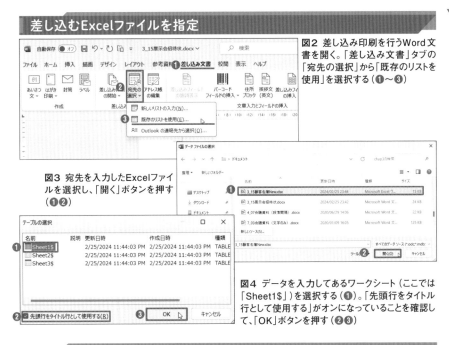

図2 差し込み印刷を行うWord文書を開く。「差し込み文書」タブの「宛先の選択」から「既存のリストを使用」を選択する（❶～❸）

図3 宛先を入力したExcelファイルを選択し、「開く」ボタンを押す（❶❷）

図4 データを入力してあるワークシート（ここでは「Sheet1$」）を選択する（❶）。「先頭行をタイトル行として使用する」がオンになっていることを確認して、「OK」ボタンを押す（❷❸）

差し込む宛先を選択

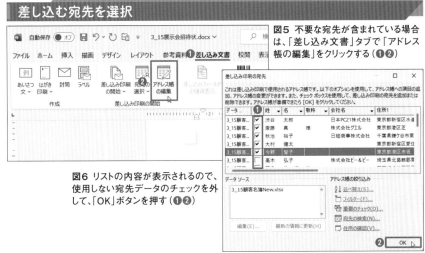

図5 不要な宛先が含まれている場合は、「差し込み文書」タブで「アドレス帳の編集」をクリックする（❶❷）

図6 リストの内容が表示されるので、使用しない宛先データのチェックを外して、「OK」ボタンを押す（❶❷）

139

データを差し込む位置にフィールドを設定

宛先ごとに異なる会社名や氏名を自動表示させるために設定するのが「差し込みフィールド」だ。この文書では、連絡先の項目の中で「会社名」「姓」「名」を「差し込みフィールド」に入れるように設定していく。

この例では、まずページの先頭にある「様」の前にカーソルを置き、「差し込みフィールドの挿入」から「会社名」を選ぶ（**図7**）。すると「《会社名》」のように《》でくくられて表示される。実際の印刷では、「《会社名》」が個々の会社名になって印刷される。続いて同様の手順で「姓」と「名」のフィールドも作る（**図8**）。

必要な「差し込みフィールド」を挿入

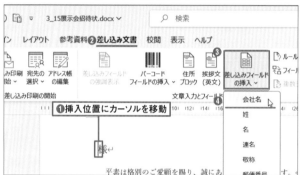

図7 まず「差し込みフィールド」を挿入する位置にカーソルを移動する（❶）。この例では文頭に入力済みの「様」の文字の手前だ。移動できたら「差し込み文書」タブの「差し込みフィールドの挿入」から「会社名」を選択（❷～❹）

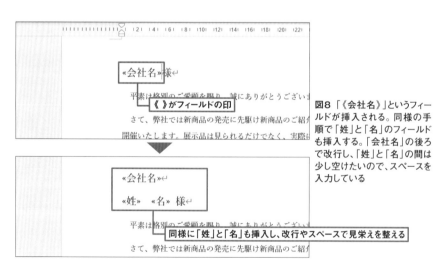

図8 「《会社名》」というフィールドが挿入される。同様の手順で「姓」と「名」のフィールドも挿入する。「会社名」の後ろで改行し、「姓」と「名」の間は少し空けたいので、スペースを入力している

プレビューで差し込み結果を確認してから印刷する

　差し込みフィールドに実際のデータが入るとどうなるかを確認する。「結果のプレビュー」をクリックしてオンにすると、差し込みフィールドにデータが入って表示される（**図9**）。確認が済んだら印刷しよう（**図10**）。なお、差し込み印刷を設定した文書は開くたびにデータファイルから差し込みの操作を行うようになる。

差し込み結果を確認して印刷する

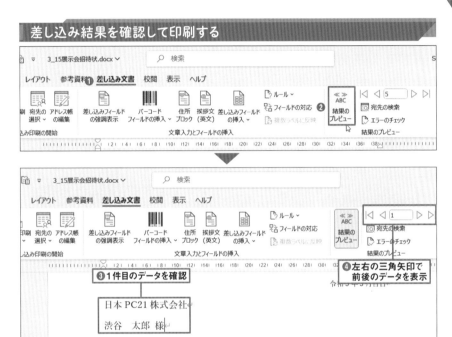

図9「差し込み文書」タブの「結果のプレビュー」をクリック（❶❷）。最初のデータが差し込みフィールドに入るので確認する（❸）。左右の三角矢印をクリックすることで、ほかのデータも確認できる（❹）

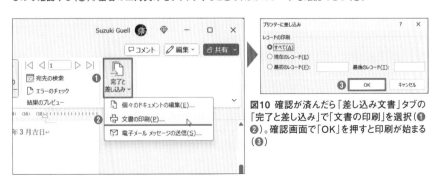

図10 確認が済んだら「差し込み文書」タブの「完了と差し込み」で「文書の印刷」を選択（❶❷）。確認画面で「OK」を押すと印刷が始まる（❸）

差し込み印刷で
宛名ラベルを作成

　ビジネス文書を送付する際、面倒なのが封筒に貼る宛名のラベル作成だ。招待状を何十通も送るとなると頭が痛くなる。顧客の住所録があるなら、Wordの「差し込み印刷」でササッと宛名用のラベルを作成しよう。

　前項では、差し込み印刷機能を使って同じ文面の文書に異なる宛名を印刷したが、ラベル印刷と組み合わせれば、封筒に貼る宛名ラベルもそれぞれのものを自動で印刷することができる。用意するのは、住所や氏名などをリスト化したExcelファイルと、市販のラベル用紙だ（**図1**）。

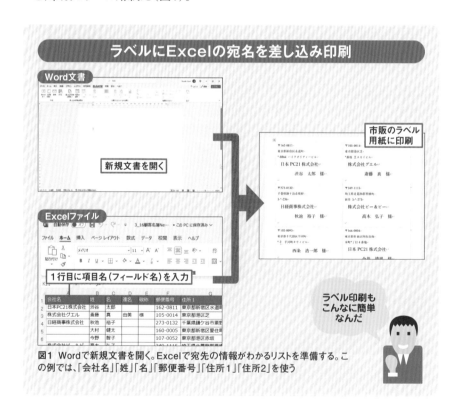

図1 Wordで新規文書を開く。Excelで宛先の情報がわかるリストを準備する。この例では、「会社名」「姓」「名」「郵便番号」「住所1」「住所2」を使う

「差し込み印刷ウィザード」で差し込み方法を指定

　宛名ラベルのように挿入するフィールドが多い場合、「差し込み印刷ウィザード」を使うと設定が楽だ。「差し込み印刷ウィザード」を起動したら、ラベルのひな型を選択する（**図2～図4**）。使用するラベルに応じたひな型を選ぼう。

差し込み印刷ウィザードでラベル用紙を選択

図2 「差し込み文書」タブの「差し込み印刷の開始」ボタンをクリックし、「差し込み印刷ウィザード」を選ぶ（❶～❸）

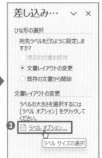

図3 画面右側にウィザードの画面が開く。文書の種類で「ラベル」を選択し、次に進む（❶❷）。次の画面で「ラベルオプション」をクリックする（❸）

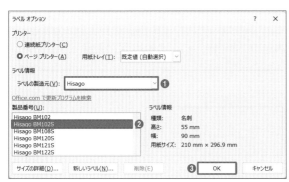

図4 「ラベルの製造元」でラベルのメーカーを選択し（❶）、使用するラベルの「製品番号」を選択する（❷）。「OK」ボタンを押す（❸）。これでラベルを模した枠が表示されるので、ウィザードを次に進める

続いて差し込むExcelファイルを指定する。「既存のリストを使用」を選択し、「参照」からExcelファイルを選ぶ（**図5、図6**）。選択したExcelファイルの内容が表示されるので、使用しない宛先があればチェックを外しておく（**図7**）。

差し込むExcelファイルを指定

図5 「既存のリストを使用」を選択し、「参照」をクリックする（❶❷）。使用するExcelファイルを選択し、「開く」ボタンを押す（❸❹）

図6 Excelファイルでデータを入力したワークシート（ここでは「Sheet1$」）を選択する（❶）。「先頭行をタイトル行として使用する」にチェックが付いていることを確認して、「OK」ボタンを押す（❷❸）

差し込む宛先を選択

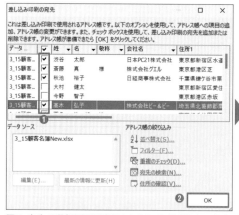

指定したファイルとシート番号が表示される

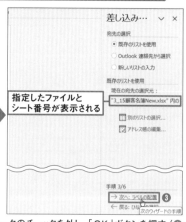

図7 宛先の選択画面が表示されるので、使用しない宛先データのチェックを外し、「OK」ボタンを押す（❶❷）。元のウィザード画面に戻るので、設定を確認し、次に進む（❸）

データを差し込む位置にフィールドを設定

　最初のラベルにフィールドを配置していく。「差し込みフィールドの挿入」を選ぶと、フィールドの一覧が表示される（**図8**）。宛名ラベルなので、最初の行に「郵便番号」を挿入し、「住所1」「住所2」「会社名」「姓」「名」と挿入する（**図9**）。「〒」や「様」を入力して適宜改行し、見やすい書式に整えればレイアウトは完成だ（**図10**）。

必要な「差し込みフィールド」を挿入

図8 最初のラベル内にカーソルがあることを確認（❶）。ウィザード画面で「差し込みフィールドの挿入」を選択する（❷）

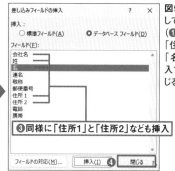

図9「郵便番号」を選択して「挿入」ボタンを押す（❶❷）。同様に「住所1」「住所2」「会社名」「姓」「名」のフィールドも挿入する（❸）。最後に「閉じる」ボタンを押す（❹）

敬称などを付け加える

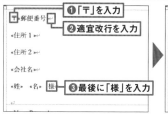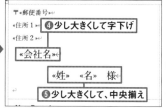

図10 フィールドが表示されたら、「《郵便番号》」の前に「〒」を入力（❶）。適宜改行して最後に敬称を付ける（❷❸）。フォントや位置揃え、行間なども見やすく整える（❹❺）。レイアウトが完成したら次に進む

145

プレビューで差し込み結果を確認してから印刷する

　1つめのラベルができたら、「複数ラベルに反映」でほかのラベルにもレイアウトをコピーする（**図11**）。「次へ：ラベルのプレビュー表示」をクリックすると、差し込みフィールドに実際のデータが入って表示される。内容を確認して問題がなければ印刷する（**図12**）。宛名ラベルでは、住所や名前が長い場合や、連名にしたい場合など、データによっては表示しきれないこともある。全体的なレイアウトを一番多い文字数に合わせると、文字数が少ない宛名では空きができるなど不都合もある。プレビューで確認したときに編集したいラベルがあれば、図12左で「各ラベルの編集」を選べばよい。

差し込み結果を確認して印刷する

図11 1つめのレイアウトをほかの枠にもコピーするため、「複数ラベルに反映」を選択する（❶）。「次へ：ラベルのプレビュー表示」をクリックすると、ラベルに実際のデータが表示される（❷❸）。次へ進む（❹）

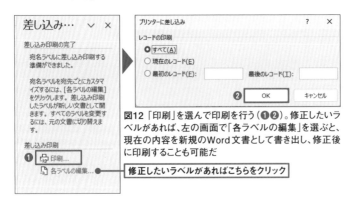

図12「印刷」を選んで印刷を行う（❶❷）。修正したいラベルがあれば、左の画面で「各ラベルの編集」を選ぶと、現在の内容を新規のWord文書として書き出し、修正後に印刷することも可能だ

Column 文章のチェック原稿は 画像を除いて本文だけ印刷

　Wordでは、必要な部分だけ選択して印刷したり、文字校正時には画像などを除いて本文だけを印刷することもできる（**図A**）。印刷するものが少ないほど高速に印刷でき、紙も節約できる。余分なものがなければチェックもしやすい。

　写真や図形、スマートアートなどを除き、文字列のみを印刷するには、印刷前にオプション設定を変更する（**図B**）。ひと手間かかるが、ページ数が多い場合や何度も印刷する場合は有効な設定だ。インクの節約にもなる。

　なお、「オプション」の「詳細設定」には「下書き印刷する」という項目もあるが、こちらは図の設定やプリンターによって図が印刷されてしまうことがある。

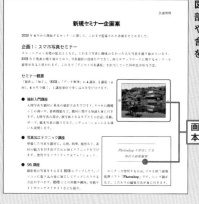

図A Wordでは、指定した部分だけ印刷したり、画像や図形（テキストボックスを含む）を除いて文字列のみを印刷することもできる

画像や図形を除いて本文だけ確認したい

ページ数が多い文書は図を省くと効果的よ

図B「ファイル」タブの「オプション」を選択する（❶）。開く画面で「表示」を選択し、「Wordで作成した描画オブジェクトを印刷する」のチェックを外して「OK」ボタンを押す（❷〜❹）

Section 17　差し込み印刷を使って2種類の文書を自動作成

同じ文書を複数の宛先に送るときに利用される「差し込み印刷」。だが、差し込み印刷でできるのは、宛先の差し込みだけではない。例えば、当選者と落選者、A会場とB会場など、条件によって異なる内容の文書を自動作成することも可能だ（**図1**）。

図1 Wordで文書を作成する。この例では宛名、結果、文章の3つを差し込み印刷で自動入力する。Excelファイルからは「氏名」と「結果」のデータを読み込む。文章は「If文」で切り替える

差し込むExcelファイルに「当選」と「落選」が入力されていれば、差し込み印刷の機能を使用して、文書に異なる文面を追加できる。差し込み印刷の手順で、宛名や当落の文字列を差し込む設定をしておく（**図2**）。当選者と落選者で文章の内容を切り替えるには、「Ifフィールド」を使う（**図3**）。この作例では、「結果＝当選」を条件に、条件に合う場合とそれ以外の場合で文章を切り替える（**図4**）。設定ができたらプレビューやテスト印刷で確認してから印刷しよう（**図5**）。

宛名と当落を表示するフィールドを設定

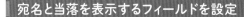

図2 139ページ図2〜140ページ図8の手順で、氏名と結果のフィールドを設定する

IFフィールドに条件と2通りの文章を指定

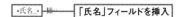

図3 当落に応じた文章を入力する位置にカーソルを移動する（❶）。「差し込み文書」タブの「ルール」をクリックし（❷❸）、「If...Then...Else（If文）」を選択する（❹）

図4「フィールド名」で「当落」を選択する（❶）。「比較」は「＝」のまま（❷）、「比較対象」欄に「当選」と入力する（❸）。これで「当落＝当選」という条件が指定される。「挿入する文字列」欄に当選者への通知文（❹）、「それ以外の場合に挿入する文字列」欄に落選者への通知文を入力し（❺）、「OK」ボタンを押す（❻）

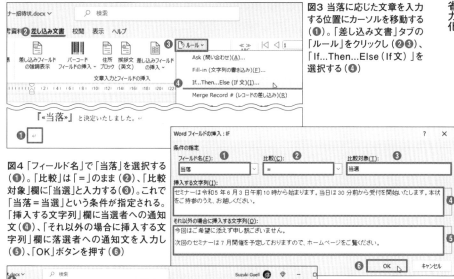

図5「差し込み文書」タブで「結果のプレビュー」をクリックして差し込み結果を確認（❶❷）。問題なければ「完了と差し込み」から「文書の印刷」を選んで印刷する（❸❹）

149

変更履歴とコメントで
校閲作業をペーパーレス化

　文書をほかの人に見せて確認してもらったり、逆に確認を求められたりすることがある。こうした校閲作業で、Word文書を印刷し、赤ペンで修正やコメントを入れ合うのは時代遅れ。お互いWordを使っているなら、Word上で校閲するのが効率的だし、ペーパーレス化にもつながる。利用するのは、「変更履歴」と「コメント」機能だ。

　「変更履歴」は修正履歴を文書に保存する機能、「コメント」は文書の欄外に意見などを書き込む機能だ。Word文書に直接書き込めるため、校閲者が印刷して赤ペンで手書きする必要がなく、書き換えも自由自在。作成者は紙をやり取りする手間がなく、読みづらい赤字に苦労することもない。

　特に効果を発揮するのが、複数の人で校閲するケース。チームで作業する場合でも、修正やコメントには校閲者の名前が入るので、誰が何を書いたのか一目瞭然。作成者は、校閲者の修正やコメントを見て、反映するか元に戻すかを選ぶことができる（**図1**）。

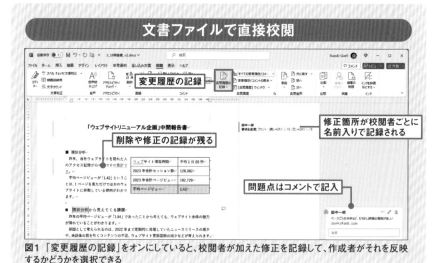

図1　「変更履歴の記録」をオンにしていると、校閲者が加えた修正を記録して、作成者がそれを反映するかどうかを選択できる

作成者は、通常通り、Wordでたたき台となる文書を作成する（**図2**）。Word文書で校閲するなら、ファイル名に「01」などバージョンを示す数字や作成者名などを入れておくとわかりやすい。

変更履歴をオンにして校閲開始

校閲者は、ファイル名を「02」などに変えて保存し、「校閲」タブの「変更履歴の記録」をオンにする（**図3**）。これでこれから行う変更を文書に保存する準備ができた。変更履歴の画面表示は、「校閲」タブの「変更内容の表示」メニューで4種類に切り替えられる（**図4**）。記録されているかどうかを確認するならすべて表示させておく。

3章
レイアウトから出力・校閲までを省力化

作成者がたたき台の文書を作成

図2 まずは通常通りに文書を作成し、これをたたき台にする

校閲前に変更履歴をオンにする

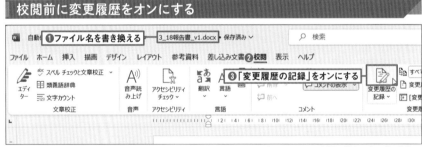

図3 校閲者は校閲用にファイル名を変え、元のファイルは残しておくとよいだろう（❶）。「校閲」タブの「変更履歴の記録」をクリックしてオンにする（❷❸）

図4 「校閲」タブの「変更内容の表示」から「すべての変更記録／コメント」を選択すると、変更履歴が表示されるようになる（❶～❸）

　校閲者は自由に修正するだけで、自動的に記録が残る。修正が終わったら変更履歴を表示させて確認しよう（**図5**）。変更箇所は、色文字で表示される。複数の人が修正した場合はそれぞれ異なる色で表示されるのでわかりやすい。挿入した文字列には下線、削除した文字列には取り消し線が表示される。フォントや段落など、書式の変更を行った場合は、画面右側にその内容が表示される。

校閲者が修正する

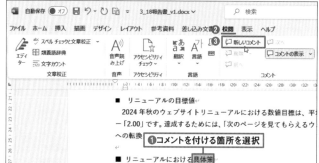

図5 校閲者は、気になるところを修正する。削除や書き換え、書式変更など、通常のWord文書と同様に作業すればよい。フォントなどの書式を変更した場合は、変更内容が画面右側に表示される

コメントを追加する

図6 コメントを付ける箇所を選択し、「校閲」タブの「新しいコメント」をクリックする（❶～❸）

図7 画面右側にユーザー名が入ったコメント入力欄が表示されるので、そこにコメントを入力する（❶❷）

意見の書き込みはコメントで

　意見や疑問点、伝達事項などを書き込みたいときには、コメント機能を利用する。コメントを付けたい文字列や画像などを選択し、「新しいコメント」をクリックすると、コメントを入力するための吹き出しが表示される（**図6**）。ここに文字列を入力すればよい（**図7**）。入力した文字列の長さに応じて入力欄が広がる。画面表示の状態によってはコメントがアイコンで表示され、アイコンをクリックすると内容が表示される。コメントは削除することもできるので、まずは思い付いたことを書き込み、後から不要なものを削除するやり方も可能だ。

　変更履歴を確認したいときには、「変更内容の表示」で切り替えるだけでなく、「［変更履歴］ウィンドウ」で一覧表示することも可能だ（**図8**）。最後に変更履歴の記録を止めて、ファイルに保存する（**図9**）。

変更履歴を一覧表示で確認する

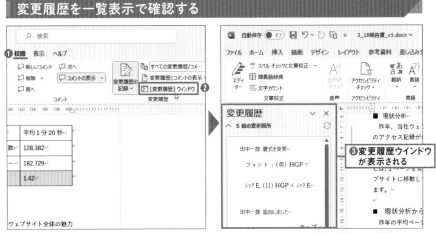

図8 「校閲」タブの「［変更履歴］ウィンドウ」をオンにすると、変更内容を一覧で確認できる（❶〜❸）

校閲者としての修正作業を終える

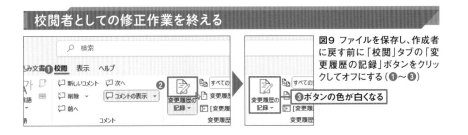

図9 ファイルを保存し、作成者に戻す前に「校閲」タブの「変更履歴の記録」ボタンをクリックしてオフにする（❶〜❸）

校閲者の修正を作成者がチェック

　作成者は戻ってきたファイルを開き、文書の先頭にカーソルを置いて、「校閲」タブの「次へ」ボタンを押して変更箇所を確認する（**図10**）。修正を文書に反映するときは、「承諾して次へ進む」をクリックすると変更が確定し、次の変更箇所に進む（**図11**）。変更を反映しない場合は、「元に戻して次へ進む」をクリックする（**図12**）。

変更箇所を順次チェックし、変更を反映するかどうかを選択

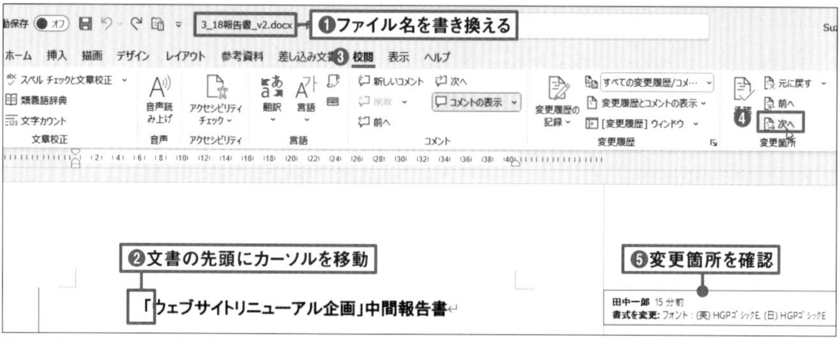

❶ファイル名を書き換える

❷文書の先頭にカーソルを移動

❺変更箇所を確認

「ウェブサイトリニューアル企画」中間報告書

図10 元のファイルを残す場合はファイル名を書き換えて作業を始める（❶）。文書の先頭にカーソルを移動し、「校閲」タブの「変更箇所」で「次へ」をクリックすると、最初の変更箇所が選択される（❷～❺）

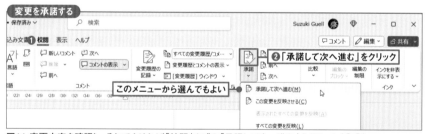

変更を承諾する

❷「承諾して次へ進む」をクリック

このメニューから選んでもよい

図11 変更内容を確認し、それでよければ「校閲」タブの「承諾して次へ進む」をクリック（❶❷）

図12 校閲者の変更を元に戻すには、「校閲」タブの「元に戻す」のメニューで「元に戻して次へ進む」を選ぶ（❶～❸）

コメントの内容も確認する。確認後に校閲者にファイルを戻す場合は、コメントに対する返事を入力しておくとよい。コメントに返信するには、「返信」をクリックして返信欄にコメントへの回答を入力する（**図13、図14**）。コメントに対応して修正などを行う。コメントに対する修正などが済めばコメントを非表示にする（**図15**）。

確認がすべて終了し、校閲者に戻す必要がない段階まできたら、コメントをすべて削除してから（**図16**）、「すべての変更を反映し、変更の記録を停止」を選択（**図17**）。最終版としてファイルに保存する。

コメントに対処する

コメントに返信する

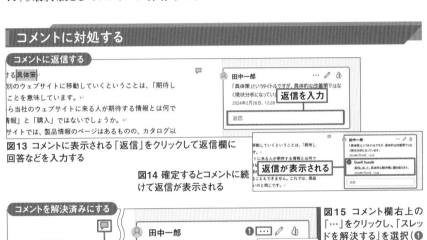

図13 コメントに表示される「返信」をクリックして返信欄に回答などを入力する

図14 確定するとコメントに続けて返信が表示される

コメントを解決済みにする

図15 コメント欄右上の「…」をクリックし、「スレッドを解決する」を選択（❶❷）。本文上の吹き出しアイコンのみ残り、クリックするとコメントの内容を再表示できる（❸）

❸ コメントが非表示になり、このアイコンのみ残る

最終版として文書を保存する

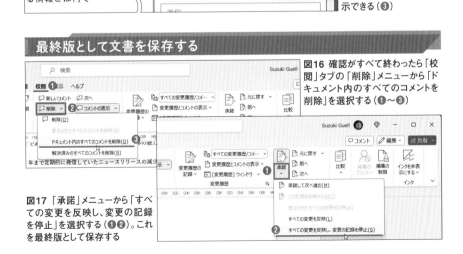

図16 確認がすべて終わったら「校閲」タブの「削除」メニューから「ドキュメント内のすべてのコメントを削除」を選択する（❶～❸）

図17 「承諾」メニューから「すべての変更を反映し、変更の記録を停止」を選択する（❶❷）。これを最終版として保存する

Section 19 こだわりのレイアウトは「1字」より「1mm」単位で

　Wordにおいて、横方向の単位は「字」が基本。段落の最初の行だけ「字下げ」や「ぶら下げ」を行う場合、幅を「1字」に設定しておけば、文字サイズに応じて1文字分の字下げができるので便利だ。ただし、段落全体をインデントする場合、「字」は標準スタイルのフォントサイズ1文字分の幅に固定されており、ほかの文字サイズの場合はズレが生じる。また、画像をレイアウトする場合など、ルーラー（画面の上端・左端にある定規）が「ミリメートル（mm）」単位のほうが感覚的にわかりやすいことも多い。

　作業内容を考慮して、「字」単位が使いづらいと感じるなら、ミリ単位に設定を変更することができる（**図1**）。ミリだけでなく「ポイント（pt）」「インチ（in）」「センチメートル（cm）」などの単位も選べる。設定後はルーラーを表示させて確認してみよう。

　ミリ単位に変更しても、ダイアログボックスなどで「1字」のように単位を含めて入力すれば字単位での設定も可能。使う機会の多い単位に設定しておけばよい。

「字」単位ではなく「mm」単位に変更

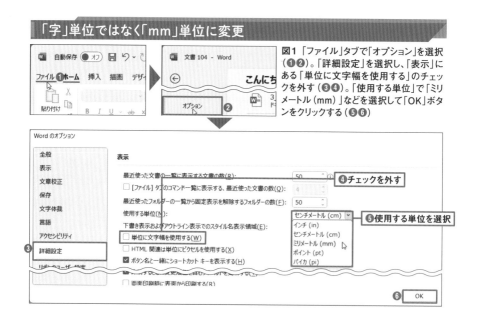

図1 「ファイル」タブで「オプション」を選択（❶❷）。「詳細設定」を選択し、「表示」にある「単位に文字幅を使用する」のチェックを外す（❸❹）。「使用する単位」で「ミリメートル（mm）」などを選択して「OK」ボタンをクリックする（❺❻）

作図・画像・作表を
マスターして視覚化

ビジネス文書でも、写真や概念図を使ってわかりやすく説明することは必要だ。項目をまとめて表にするのもよくあること。Wordは画像や表に関する機能が豊富なので、余計な時間をかけずに必要な図版や表を文書に入れるための知識を身に付けていこう。

画像の配置設定は
「行内」ではなく「四角」に

　文書に写真を挿入した後、思い通りにいかなくて苦労した経験はあるだろう。写真の横には大きな空白ができるし、ドラッグ・アンド・ドロップで自由に移動できない（**図1**）。これは、画像挿入時の「レイアウトオプション」が「行内」になっているのが原因だ。画像が1つの文字と同等に扱われるため、設定によっては行間が大きく広がったり、逆に行間が固定されている場合は画像が一部しか見えなかったりする（**図2**）。

　この問題は、「文字列の折り返し」を「四角（四角形）」に設定することで解消する（**図3～図5**）。画像が文字とは別のものとして扱われ、画像の周囲に文字列が回り込む。画像をドラッグで移動するとそれに連れて回り込んだ文字列も再配置される。

　画像と文字との間隔は、レイアウトオプションの「詳細表示」から設定できる。「文字列の折り返し」タブで上下左右の間隔を指定する（**図6**）。

「行内」では写真の横に空白、ドラッグしても動かせない

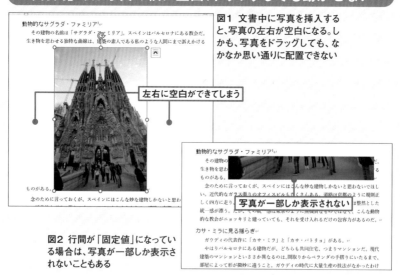

図1　文書中に写真を挿入すると、写真の左右が空白になる。しかも、写真をドラッグしても、なかなか思い通りに配置できない

左右に空白ができてしまう

写真が一部しか表示されない

図2　行間が「固定値」になっている場合は、写真が一部しか表示されないこともある

「文字列の折り返し」を「四角（四角形）」に変更

①写真をクリックして選択

図3 写真を選択すると、右上に「レイアウトオプション」のボタンが表示される（**①②**）。これをクリックし、表示されたメニューで「文字列の折り返し」から「四角形」を選択する（**③**）

図4 すると、写真の横にも文字列が配置されるようになる。写真は好きな位置に動かせる

写真をよけて文字列が再配置される

ドラッグ

図5 ドラッグで写真を移動すると、それに連れて周囲に文字列も再配置される

文字列と画像との間隔を調整

①写真を選択

図6 写真を選択し、レイアウトオプションのボタンをクリックする（**①②**）。「詳細表示」をクリックして、「文字列の折り返し」タブを選択（**③④**）。「文字列との間隔」で文字列と写真の間隔を指定したら「OK」ボタンを押す（**⑤⑥**）

レイアウトオプションで変わる画像と文字列の関係

　レイアウトオプションでは、「行内」「四角（四角形）」「外周（狭く）」「内部」「上下」「背面」「前面」の7種類が選べる。初期設定は「行内」なので、画像が文字と同じように行内に挿入され、文字がある場所にしか移動できない。そのほかのオプションは、以下のように文字列の配置が変わる（**図7～図12**）。「行内」以外であれば、画像をドラッグで移動することが可能だ。

6つのレイアウトオプションの違い

四角（四角形）

図7　画像の周囲に四角形の余白を作って文字列を配置する

外周（狭く）

図8　画像の形に合わせて文字列を配置する。長方形の画像では「四角」と変わらない

内部

図9　「外周」とほぼ同様。「折り返し点の編集」を行うと、画像の内部まで文字列が回り込む

上下

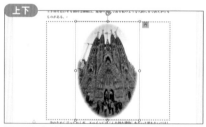

図10　文字列を上下の行に配置し、画像のある行には文字列が入らない

背面

前面に文字が重なる

図11　文字列の背面に画像を配置。文字と画像が重なるため、画像を薄い色にしないと文字が読みづらい

前面

図12　文字列の前面に画像を配置。文字と画像が重なるため、画像の「透明度」を上げないと文字が読めない

挿入時のレイアウトオプションを「四角」に設定

レイアウトオプションの初期設定は「行内」になっているが、ほかのオプションに変えることが多いなら、よく使うレイアウトオプションを既定にすることで、変更する手間を省こう。設定済みの画像があるなら、その画像を選択して「図の形式」タブで「文字列の折り返し」から「既定のレイアウトとして設定」を選ぶ（**図13**）。Wordのオプション設定から「図を挿入／貼り付ける形式」を変更しても、初期設定を変更できる（**図14**）。ただし、文字列との間隔などは初期設定に登録できないので、その都度指定する。

よく使うレイアウトオプションを既定に設定

図13 既定にしたいレイアウトオプションを設定した画像があるなら、その画像を選んで「図の形式」タブをクリックする（❶❷）。「文字列の折り返し」から「既定のレイアウトとして設定」を選択する（❸❹）

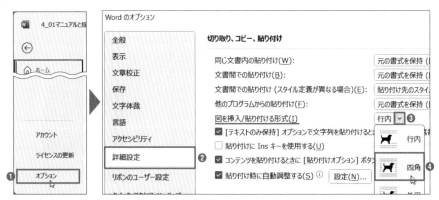

図14「ファイル」タブで「オプション」を選択（❶）。「Wordのオプション」画面で「詳細設定」を開き、「図を挿入／貼り付ける形式」欄を「行内」から「四角」に変更する（❷～❹）

勝手に動く画像を指定した位置に固定

　画像のレイアウトオプションで「行内」を選んだ場合はもちろん、「四角」や「背面」などを選択した場合でも、文章を追加したときに画像の位置が勝手に動いたり、文章を削除したら画像まで消えるといったトラブルが発生する（**図1**）。

　ページ内の画像は特定の段落に連結されていて、その段落と一緒に動く仕組みになっている。説明文と画像といった組み合わせであれば、文章の増減に応じて画像が移動してくれるのは便利なのだが、デザイン重視で「ページの中央に画像を貼りたい」といった場合に勝手に動かれては困ってしまう。

　連結された段落は、画像の選択時に表示される「アンカー」記号で確認できる（**図2**）。画像が動くと困る場合は、レイアウトオプションで「文字列と一緒に移動する」ではなく、「ページ上の位置を固定」を選ぶ。これでページ内での位置を固定できる。ただし、連結先の段落が次のページに移動すると、画像も次のページの同じ位置に移動する。また、連結先の段落を削除すれば画像も消えるので注意しよう。

文字を修正したら画像まで動いた!?

図1 文章を追加すると、画像が下に移動したり、場合によっては次ページに送られてしまうことがある（❶❷）。これは画像が特定の段落にひも付いているからだ

画像の配置は、「ページの真ん中」や「右上隅」にピタリと揃えたり、「上から30mm」のように数値で正確に指定したりもできる。レイアウトオプションが「四角」でよければ、「位置」から揃えたい配置を選ぶ（図3）。ほかのレイアウトオプションを使う場合や、数値で指定する場合には、「その他のレイアウトオプション」から指定するとよい。

ページ内の特定の位置に画像を固定

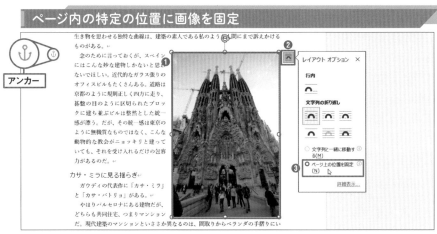

図2 画像をクリックすると、連結された段落を示す「アンカー」が表示される。レイアウトオプションから「ページ上の位置を固定」を選択すると（❶〜❸）、文章を追加しても画像が動かなくなる

ページの右上隅に画像を固定

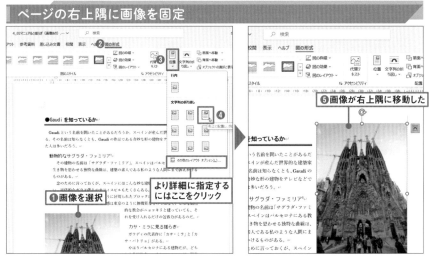

図3 画像を選択し、「図の形式」タブで「位置」をクリックする（❶〜❸）。「右上に配置し、四角の枠に…」を選択すると、画像がページ内の右上隅に移動し、文字列の折り返しは「四角」になる（❹❺）

<table>
<tr><td>Section
03</td><td></td></tr>
</table>

図形を描く際のポイントは
「Shift」キーと「Ctrl」キー

　ビジネス文書で凝ったイラストを使うことは少ないかもしれないが、タイトルの装飾や簡単な説明図を作れると、作成できる文書の幅が広がる。Wordには円や四角形だけでなく、吹き出しや矢印なども豊富に揃っており、ドラッグするだけで文書中の好きな位置に描くことができる。どうせなら、同じ手間できれいに描けるコツをつかんでおけば、修正の時間を減らせる。そのポイントが、「Shift」キーと「Ctrl」キーの使い方だ。図形を描く際、「Shift」キーを押していると、正円や正方形など縦横が等しい図形を描けるのはよく知られた機能だ（図1）。「Ctrl」キーを押しながらドラッグすれば、中心から図形を描けるので、文字を囲む図形を描くときなどに重宝する（図2）。

サイズ変更時にも役立つ「Shift」キーと「Ctrl」キー

　描いた図形を選択すると、枠線の上下左右と四隅にハンドル（小さい円）が表示される。このハンドルをドラッグすることでサイズを変更できるのだが、写真などの画像ファイルと図形とでは動作が異なる。画像は四隅にあるハンドルをドラッグすると縦横比を変えずにサイズ変更ができる（図3）。図形だと同じ操作で縦横比が変わってしまうので、縦横比を変えたくない場合は「Shift」キーを押しながらドラッグする（図4）。また、「Ctrl」キーを押せば、図形の中心を動かさずにサイズ変更ができる（図5）。

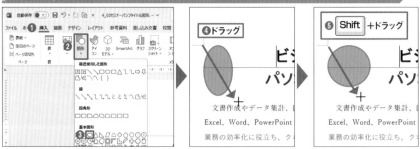

図1「挿入」タブの「図形」から「楕円」を選択する（❶〜❸）。ドラッグすると楕円を描ける（❹）。「Shift」キーを押しながらドラッグすると、正円を描ける（❺）

「Ctrl」キーで図形を中心から描く

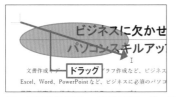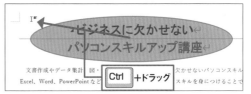

図2 図形を描くときに、通常のドラッグでは対角線を描くようにドラッグするが（左）、「Ctrl」キーを押しながらドラッグすると、中心から図形を描くことができる（右）

「Shift」で縦横比を変えず、「Ctrl」で中心を変えずにサイズ変更

図3 画像の場合は、四隅のハンドルをドラッグすると、縦横比を変えずにサイズ変更ができる

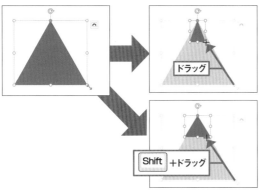

図4 図形の場合は、四隅のハンドルをドラッグすると縦横比が変わってしまう（右上）。しかし、「Shift」キーを押しながらドラッグすれば縦横比は変わらない（右下）

図5 サイズは変えたいが、図形の中心が動くと困る場合は、「Ctrl」キーを押しながらドラッグしよう

Section 04 複数の図形や画像を ワンタッチで整然と配置

　図形はドラッグで移動できるが、ドラッグ操作で複数の図形をきれいに並べるのには時間がかかる。ましてや複数の図形を手作業で均等な間隔で並べるのは無理がある。図形の上下を揃えたり、均等に配置したりしたいときは、「配置」機能を使えば簡単に実現できる（**図1**）。

　複数の図形を揃えるには、まず揃える図形をすべて選択しなくてはならない。最初の図形をクリックで選択し、2個目以降は「Shift」キーまたは「Ctrl」キーを押しながらクリックすれば、複数の図形を選択できる。選択したい図形が多い場合は、「選択」ツールを使うとまとめて選択できる（**図2**）。

　選択後、図形を縦方向に揃えて等間隔で並べるなら、「配置」から「左右中央揃え」を選び、「上下に整列」を選べばよい（**図3**）。

位置揃えも均等配置も「配置」を使えば簡単

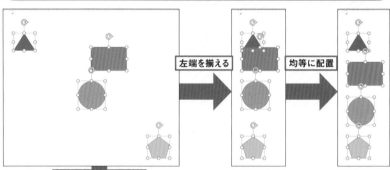

左端を揃える　均等に配置

下に揃えて均等に配置

図1 複数の図形の位置を揃えたり、均等な間隔で並べたりすることは、手作業では難しい。揃えたい図形をすべて選択し、「配置」機能を使えば、簡単にピタリと揃えることができる

図形をドラッグで移動するときに「Shift」キーを押していると移動方向を水平・垂直に固定できる。また、「Ctrl」キーを押していると移動ではなくコピーになる。水平・垂直方向に同じ図形を複数並べるには、1つめの図形を描いた後、「Shift」キーと「Ctrl」キーを押しながらドラッグすればよい（**図4**）。

「選択」ツールで一括選択

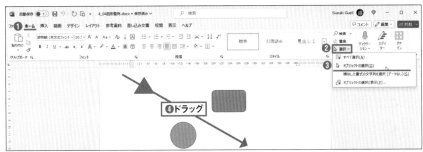

図2「ホーム」タブの「選択」から「オブジェクトの選択」を選び、選択する図形を囲む長方形を描くようにドラッグする（❶～❹）。追加したい図形や、選択を解除したい図形があれば、「Shift」キーを押しながらクリックする

「配置」を使って左右中央揃え→上下に均等配置

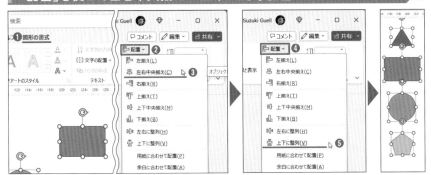

図3「図形の書式」タブで「配置」から「左右中央揃え」を選択すると、図形が左右中央揃えになる（❶～❸）。続いて「配置」から「上下に整列」を選択すると、図形の間隔が均等に揃う（❹❺）

「Shift」+「Ctrl」+ドラッグで図形を横並びに複製

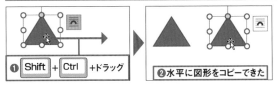

図4 水平・垂直に図形をコピーして並べるには、「Shift」キーと「Ctrl」キーを押しながらドラッグする（❶❷）

Section 05 写真を一瞬でトリミング 円形や星形に切り抜きも

写真はただ貼ればよいというものではない。何を見せたいかがわかるように、必要な部分だけをトリミング（切り取り）することも重要だ。パンフレットなど、印象やデザインが重要視される文書では、写真を円形や星形に切り抜いたり、写真の周囲をぼかしたりといったテクニックが求められることもある。そんなときも心配ご無用。「図のスタイル」と「トリミング」機能を使えば、豊富なデザインや切り抜きたい図形を選ぶだけで自由に写真を切り取れる（**図1**）。

通常のトリミングでは、長方形で切り抜くことしかできない（**図2**）。円形、角丸、ぼかし、影付きなどは、「図のスタイル」から選べばトリミングと特殊効果を同時に設定できる（**図3**）。選んだスタイルが気に入らなければ、何度でも選び直したり、枠線、色、効果などを個別に指定することもできるので、気軽に選んでみよう。

吹き出しや星形など、「図のスタイル」にはない形で写真を切り抜くなら、「図形に合わせてトリミング」から、形状を選択する（**図4**）。「図のスタイル」を選択後に「図形に合わせてトリミング」で形状を選べば、枠線や効果などがそのまま残るので、ちょっと変わったフレームも簡単に作れる。

Wordで選べるさまざまなフレーム

図1「図のスタイル」は、既定のスタイルから写真の切り抜きと特殊効果を選べる（上段）。「図形に合わせてトリミング」を使うと、好みの図形で写真を切り抜ける（下段）

基本のトリミングで必要な部分だけを切り抜く

①写真を選択

④切り抜く範囲をドラッグで選択

4章

作図・画像・作表をマスターして視覚化

図2 トリミングする写真を選択し、「図の形式」タブで「トリミング」ボタン（上の部分）をクリック（①～③）。四隅にカギ状、各辺の中央に棒状のハンドルが表示されるので、これらを内側に向けてドラッグして切り抜く範囲を指定する（④）。範囲が確定したら、再度「トリミング」をクリックする（⑤）

「図のスタイル」で効果付きフレームを選択

①写真を選択

図3 写真を選択し、「図の形式」タブで「図のスタイル」の「クイックスタイル」ボタンをクリックする（①～③）。スタイル一覧からフレームを選択すると、選んだスタイルで写真が切り抜かれ、効果や枠線が適用される（④）

星やハートなど好みの形状で切り抜く

①写真を選択

図4 写真を選択し、「図の形式」タブで「トリミング」ボタンの下の部分をクリックする（①～③）。「図形に合わせてトリミング」から好みの図形を選ぶ（④⑤）

図形や吹き出しの中には
直接文字を入力できる

　ポイントになる文字列を枠で囲んだり、吹き出しで目立たせたりするのはよくあることだが、吹き出しを描くときに「吹き出し」の図形とテキストボックスを組み合わせているなら、使い方を間違えている。なぜなら、Wordで描ける吹き出しなどの図形には、直接文字を入力できるからだ（**図1**）。

　図形を描いたら、そのまま文字を入力するだけでテキストボックスに早変わり（**図2**）。図形内に文字が表示される。形が気に入らないときには、図形を選び直せば、中の文字はそのままで形だけを変えることができる（**図3**）。

　図形の中に入力した文字列は、はみ出したり、片寄ったりせず、きれいに収めたい。しかし、図形のサイズ調整でピタリと合わせるのは意外と難しい。手間を省いてきれいに整えたいなら、文字列の配置を調整するのがお勧めだ。

　図形の場合は単語を入力することが想定されているせいか、文字列は中央に表示されるが、文章を入力することが多いテキストボックス（横書き）では文字列が左上から表示される（**図4**）。初期設定の色も両者でまったく異なるので、用途に応じて修正の手間がかからないほうを選ぼう。文字列を上下中央に配置する場合は、「図形の書式」タブの「文字の配置」から変更するとよい（**図5**）。中央からズレる場合は、行間や段落設定で調整する。

図形はすべてテキストボックスになる

図1　図形の挿入機能で描ける図形は、中に文字を入力することができる。図形は文書内のどこにでも描くことができ、色や影などの効果も指定できるので、自由に文字を配置できる

図形の中に文字を入力

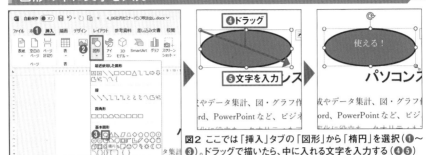

図2 ここでは「挿入」タブの「図形」から「楕円」を選択（❶～❸）。ドラッグで描いたら、中に入れる文字を入力する（❹❺）

枠だけを別の図形に変更する

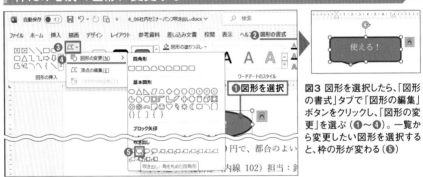

図3 図形を選択したら、「図形の書式」タブで「図形の編集」ボタンをクリックし、「図形の変更」を選ぶ（❶～❹）。一覧から変更したい図形を選択すると、枠の形が変わる（❺）

「四角形」と「テキストボックス」を使い分け

図4 四角形の中に文字列を入力する場合、「四角形」と「テキストボックス」のどちらを選ぶかで文字の配置が異なる。「図形の書式」タブで色などは変更できるが、用途に応じて手間のかからないほうを選ぼう

図5 図形内の文字列の上下の配置は、「図形の書式」タブで「文字の配置」を選ぶと変更できる（❶～❸）

Section 07 組織図はSmartArtで手早く作成

　組織図は、部課構成や役職名などを示すのに欠かせない。通常は長方形や線を組み合わせて作るため手間がかかり、組織変更の際にはほとんど作り直しになってしまう。Wordなら、「SmartArt（スマートアート）」と呼ばれる図表のひな型を使うことで、デザインを選んで文字を入力するだけで組織図を作れる（**図1**）。デザインやレイアウトもいろいろと選べるので、組織に合う雰囲気に仕上げることも可能だ。

　「挿入」タブの「SmartArt」ボタンを押すと、チャート類のひな型が一覧表示される（**図2**）。組織図を作るなら、「階層構造」を選択する。組織の構成や文書の用途などを考えてデザインを選ぼう。ひな型が挿入されたら、表示されるテキストウィンドウに文字列を入力すると、組織図に反映される（**図3**）。組織図の図形に直接入力することもできるが、続けて入力するならテキストウィンドウのほうが楽だ。文字数が増えると文字が徐々に小さくなるが、気にせず入力を続けよう。

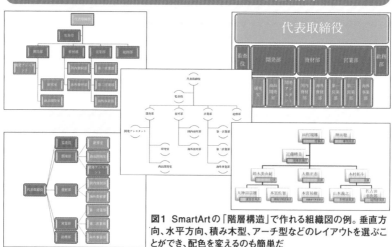

SmartArtでできるさまざまな組織図

図1　SmartArtの「階層構造」で作れる組織図の例。垂直方向、水平方向、積み木型、アーチ型などのレイアウトを選ぶことができ、配色を変えるのも簡単だ

項目が足りない場合は、テキストウィンドウで改行すれば同じ階層に新しい項目を追加できる（**図4**）。下の階層に移動する場合は、「Tab」キーを押す（**図5**）。不要な図形は選択して「Delete」キーを押せば削除できる。

組織図のデザインを決める

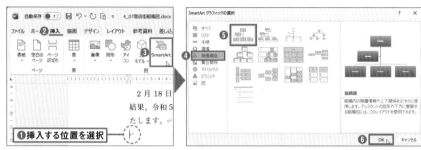

図2 組織図を作る位置にカーソルを移動し、「挿入」タブの「SmartArt」をクリックする（❶〜❸）。カテゴリーで「階層構造」を選択し、枠のレイアウトを選んで「OK」をクリックする（❹〜❻）

項目を追加して組織図の構成を整える

図3 左側に開くテキストウィンドウで上の階層から入力する（❶❷）[注]

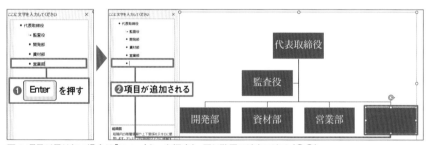

図4 項目が足りない場合は「Enter」キーを押すと、同じ階層に追加できる（❶❷）

図5 「Tab」キーを押すと階層が1つ下がり（❶❷）、「Shift」+「Tab」キーを押せば階層が1つ上がる

[注]テキストウィンドウが表示されない場合は、「デザイン」タブの「テキストウィンドウ」をクリックする

このひな型には、組織図の本筋とは別に、「アシスタント」と呼ばれる分岐を作れる。この例では、アシスタントに「監査役」を置いた。アシスタントを追加するには、追加する階層を選択し、「図形の追加」ボタンのメニューから「アシスタントの追加」を選択する（**図6**）。必要に応じて図形を追加して、組織図の内容を完成させよう。

組織図のデザインや配色を選ぶ

入力が終わったら、デザインを選ぶ。このひな型はビジネス文書向けのシンプルなデザインだが、プレゼン資料などで目立つデザインが必要な場合は「SmartArtのスタイル」から立体的なデザインを選ぶこともできる（**図7**）。色合いを変えたり、目立たせたい図形だけ形や色を変えることも可能だ（**図8、図9**）。

関連部署は「アシスタント」で追加

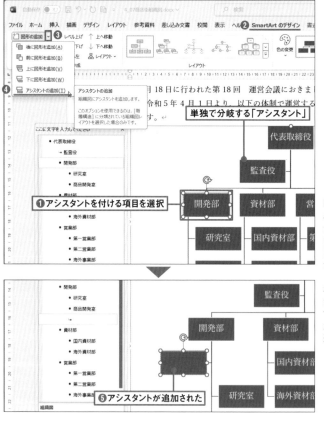

図6 このひな型の場合、単独で分岐する「アシスタント」を追加できる。アシスタントを追加する項目を選び、「SmartArtのデザイン」タブをクリック（❶❷）。「図形の追加」ボタン右の「∨」から「アシスタントの追加」を選択する（❸❹）。選択していた項目にアシスタントが追加される（❺）

クイックスタイルで図形を立体的なデザインに

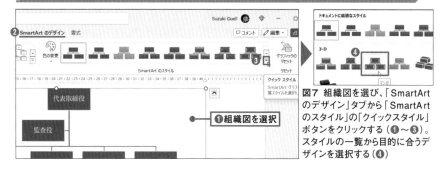

図7 組織図を選び、「SmartArt のデザイン」タブから「SmartArt のスタイル」の「クイックスタイル」ボタンをクリックする（❶～❸）。スタイルの一覧から目的に合うデザインを選択する（❹）

配色のパターンを変更

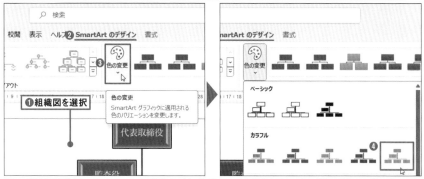

図8 組織図を選択し、「SmartArtのデザイン」タブで「色の変更」をクリックする（❶～❸）。一覧の中から色のパターンを選択する（❹）

一部の図形だけ変更

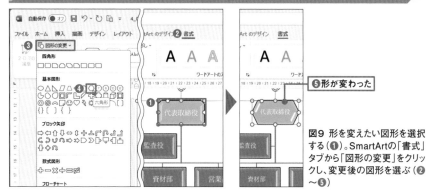

図9 形を変えたい図形を選択する（❶）。SmartArtの「書式」タブから「図形の変更」をクリックし、変更後の図形を選ぶ（❷～❺）

Section
08
流れを示すフロー図は
SmartArtの得意技

　前項ではSmartArtを使って組織図を作ったが、SmartArtではほかにもさまざま
な図を作成できる。なかでも作業手順やワークフローを示すフロー図は豊富なデザイ
ンが用意されている。文章や箇条書きで説明するよりわかりやすく、インパクトのある
図を作れるので、見栄え重視の書類でぜひ使ってみてほしい（**図1**）。

　「挿入」タブの「SmartArt」ボタンをクリックし、ひな型の一覧から「手順」を選ぶ
（**図2、図3**）。矢印など、流れを示すひな型が表示されるので、用途に応じてデザイン
を選ぶ。ここでは「縦方向プロセス」を選択した。

　入力用のテキストウィンドウを使って、上から順に内容を入力していく（**図4**）。項目
が足りない場合は、「Enter」キーを押せば同じ階層に項目を追加できる（**図5**）。階層
を上げるには、項目を作成後、「Shift」+「Tab」キーを押す（**図6**）。

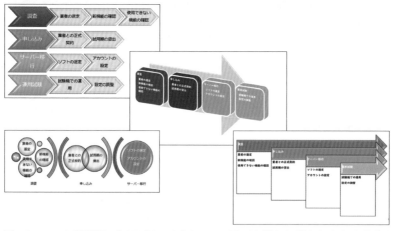

図1 SmartArtの「手順」というカテゴリーから作れるフロー図の例。縦方向、横方向、矢印型、数式型
などのレイアウトを選ぶことができ、配色を変えるのも簡単だ

フロー図のデザインを決める

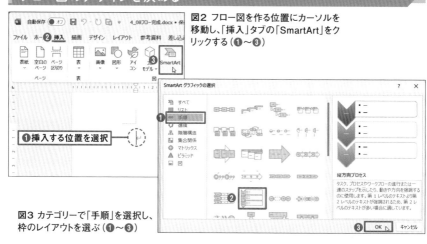

①挿入する位置を選択

図2 フロー図を作る位置にカーソルを移動し、「挿入」タブの「SmartArt」をクリックする（①～③）

図3 カテゴリーで「手順」を選択し、枠のレイアウトを選ぶ（①～③）

項目を追加してフロー図の内容を入力する

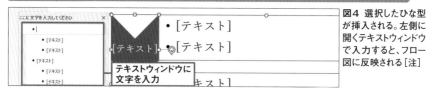

テキストウィンドウに文字を入力

図4 選択したひな型が挿入される。左側に開くテキストウィンドウで入力すると、フロー図に反映される[注]

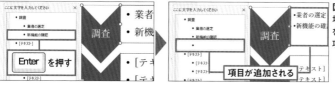

Enter を押す

項目が追加される

図5 項目が足りない場合は「Enter」キーを押すと、同じ階層に項目を追加できる

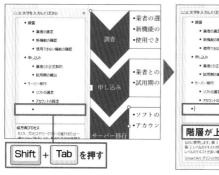

Shift + **Tab** を押す

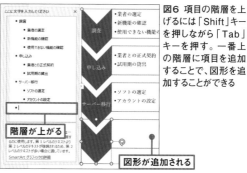

階層が上がる

図形が追加される

図6 項目の階層を上げるには「Shift」キーを押しながら「Tab」キーを押す。一番上の階層に項目を追加することで、図形を追加することができる

[注]テキストウィンドウが表示されない場合は、「デザイン」タブの「テキストウィンドウ」をクリックする

　この例では、項目数が多い場合、文字が小さくなって読みづらくなってしまった。外枠をドラッグして図全体の大きさを調整することもできるが、ここでは別のレイアウトに変更してみた（**図7〜図9**）。

　続いてデザインを選ぶ。「SmartArtのスタイル」から立体的なデザインを選ぶこともできる（**図10**）。色合いを変えたり、全体のフォントをまとめて変えることも可能だ（**図11、図12**）。

図全体のレイアウトを選び直す

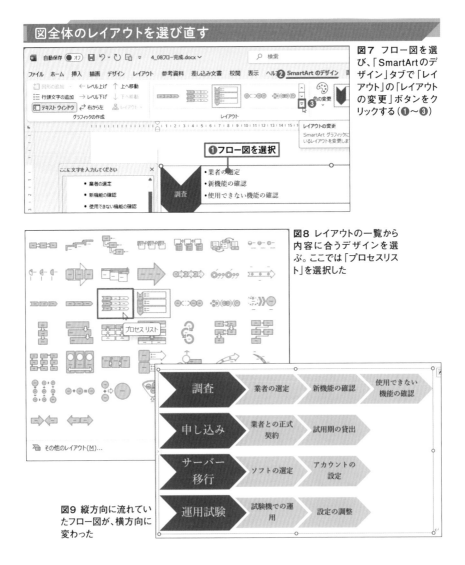

図7 フロー図を選び、「SmartArtのデザイン」タブで「レイアウト」の「レイアウトの変更」ボタンをクリックする（❶〜❸）

図8 レイアウトの一覧から内容に合うデザインを選ぶ。ここでは「プロセスリスト」を選択した

図9 縦方向に流れていたフロー図が、横方向に変わった

クイックスタイルで図形のデザインを変更

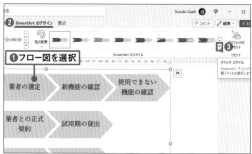

❶フロー図を選択

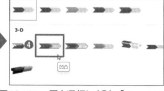

図10 フロー図を選択し（❶）、「SmartArt
のデザイン」タブにある「SmartArtのスタイ
ル」の「クイックスタイル」ボタンをクリック
する（❷❸）。スタイルの一覧から目的に合
うデザインを選択する（❹）

配色のパターンを変更

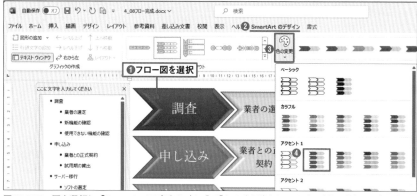

❶フロー図を選択

図11 フロー図を選択し、「SmartArtのデザイン」タブで「色の変更」をクリックする（❶～❸）。一覧の中から
色のパターンを選択する（❹）

フロー図全体のフォントを変更

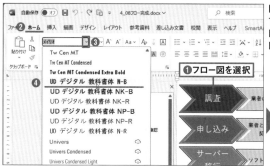

❶フロー図を選択

図12 フロー図を選択し、「ホーム」タブ
で「フォント」の一覧から図に合うフォン
トを選ぶ（❶～❹）。フロー全体のフォン
トが変わる（❺）

❺フォントが変わった

Section 09　付属画像を利用して　イラスト作成の手間を省く

　ビル、交通機関、パソコンなど、ちょっとしたイラストがあるだけで、印象が和らいだり、内容がわかりやすくなったりするものだ。招待状やプレゼン資料など、ビジネス文書の中にも、イラストが必要なものは多い。とはいえ、イラストを自作するのは難しいし時間もかかる。そんなときは、Wordに付属するイラストを使ってみよう［注］。

　通常のイラストは、「アイコン」から選択できる（**図1**）。ビジネス文書でも使えるスッキリした印象の線画が豊富に用意されている（**図2**）。この画面では、「画像」や「人物の切り絵」など、アイコン以外のイラストも選べる。

　立体的なイラストも付属している。「3Dモデル」から使いたいイラストを探す（**図3、図4**）。挿入したイラストのレイアウトオプションは初期設定では「前面」になっているので、本文の文字列をよけて配置したいときには「四角形」などを選択する（**図5**）。3Dモデルはドラッグで角度の変更も可能だ（**図6**）。

Wordに用意されているさまざまなアイコン

図1 アイコンを挿入する位置にカーソルを移動し、「挿入」タブの「アイコン」をクリックする（❶❷）

図2 分類（ここでは「テクノロジー」）を選択し、アイコンを選ぶ（❶❷）。続いて「挿入」ボタンを押す（❸）

［注］アイコンや3Dモデルの機能は、Microsoft 365版、または永続ライセンス版のWord 2019以降で利用でき、永続ライセンス版のWord 2016以前では利用できない

3Dモデルを挿入する

図3 アイコンを挿入する位置にカーソルを移動し、「挿入」タブの「3Dモデル」ボタンのメニューから「3Dモデルのストック」をクリックする（❶〜❸）

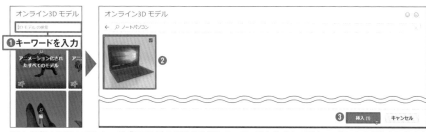

図4 分類から選んでもよいが、「3Dモデルの検索」欄にキーワードを入力して欲しいイラストを探したほうが速い（❶）。イラストが見つかったらクリックで選択し、「挿入」をクリックする（❷❸）

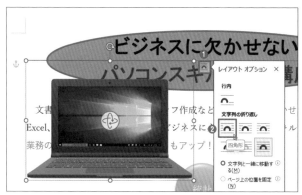

図5 選んだイラストがカーソル位置に挿入される。「レイアウトオプション」をクリックして「四角形」を選ぶと、本文をよけて配置できるようになる（❶❷）。サイズや位置を調整しよう

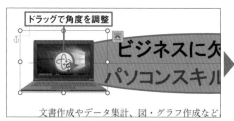

図6 3Dモデルのイラストは360度回転が可能だ。ドラッグで好みの角度に調整しよう

表全体のデザインは「表のスタイル」で選ぶだけ

　ビジネス文書では、黒い罫線で区切っただけの表をよく見かけるが、見出し行を目立たせたり、大きい表なら1行置きに塗り色を変えたりすると、わかりやすい表になる。しかし、罫線、色、フォントなどを個別に設定して見やすいデザインに仕上げるのは手間のかかる作業だ。そこで「表のスタイル」機能の出番。サンプルから選ぶだけでシンプルな表からカラフルな表まで一瞬でデザインを設定できる（図1）。

　表のどこかを選ぶと表に関するタブが表示される。「テーブルデザイン」タブにある「表のスタイル」から文書に合いそうなスタイルを選べば、表全体に適用される（図2）。

　「表のスタイル」では、初期設定で「タイトル行」と「最初の列」が目立つ書式になっているものが多いが、不要な場合は「表スタイルのオプション」で外すことができる（図3）。同様に、1行置きの塗り色が不要なら、「縞模様（行）」のチェックを外せば、均一な塗り色になる。適用したスタイルを解除する場合、「表のスタイル」の一覧で「クリア」を選ぶと、基本の罫線までなくなってしまう。罫線だけのデザインに戻すなら、「表のスタイル」から「表（格子）」を選ぼう。

「表のスタイル」なら瞬時にデザイン変更

図1　「表のスタイル」を使えば、デザインサンプルから好みのものを選ぶだけで、罫線や塗り色、見出しの強調などを一瞬で設定できる

表のスタイルからデザインを選ぶ

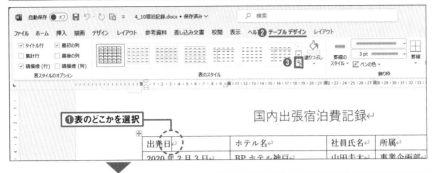

❶表のどこかを選択

国内出張宿泊費記録

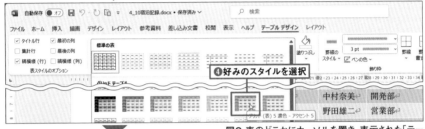

❹好みのスタイルを選択

中村奈美 開発部
野田雄二 営業部

図2 表のどこかにカーソルを置き、表示された「テーブルデザイン」タブにある「表のスタイル」の「表のスタイル」ボタンをクリックする（❶〜❸）。表示されたスタイルの一覧から、文書に合うスタイルを選択する（❹）

不要なスタイルを解除する

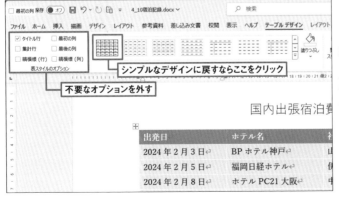

シンプルなデザインに戻すならここをクリック

不要なオプションを外す

国内出張宿泊費

図3 この表では、1列目を強調する必要はないので「最初の列」のチェックを外す。また、1行置きの塗り色は目立ちすぎるので「縞模様（行）」もチェックを外した。「表のスタイル」を解除するなら、一覧から罫線のみのデザインを選ぶとよい

Section 11 表の各列の幅はドラッグするより自動調整

　表の列の幅は、罫線をドラッグすれば変更できる。しかし、1つの列幅を広げると、別の列幅が狭まるなど、ドラッグでの調整は思うようにいかないことが多い（**図1**）。一般的な表であれば、「文字列の幅に自動調整」を使って文字列の長さに応じた幅にするのが、手早く列幅を調整するコツだ（**図2**）。

　文字列の幅ギリギリだと窮屈に見える場合は、「ウィンドウ幅に自動調整」を選ぶと、表全体が本文の幅いっぱいまで広がる（**図3**）。これで各列に余白ができ、見やすい表になる。

ドラッグでの列幅調整は楽じゃない

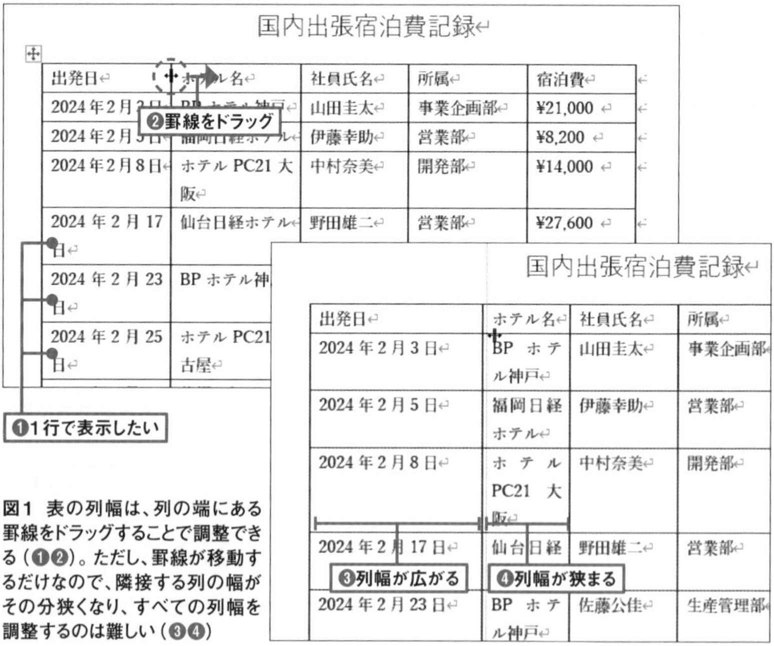

❶1行で表示したい
❷罫線をドラッグ
❸列幅が広がる
❹列幅が狭まる

図1　表の列幅は、列の端にある罫線をドラッグすることで調整できる（❶❷）。ただし、罫線が移動するだけなので、隣接する列の幅がその分狭くなり、すべての列幅を調整するのは難しい（❸❹）

文字列の幅に応じて列幅を自動調整

図2 表のどこかにカーソルを置いた状態で、表の「レイアウト」タブにある「自動調整」ボタンをクリックする（①〜③）。メニューから「文字列の幅に自動調整」を選ぶと、文字列の幅に応じて表の列幅が調整される（④⑤）

国内出張宿泊費記録

出発日	ホテル名	社員氏名	所属	宿泊費
2024年2月3日	BPホテル神戸	山田圭太	事業企画部	¥21,000
2024年2月5日	福岡			¥8,200
2024年2月8日	ホテルPC21 大阪	中村京太	開発部	¥14,000
2024年2月17日	仙台日経ホテル	野田雄二	営業部	¥27,600
2024年2月23日	BPホテル神戸	佐藤公佳	生産管理部	¥10,500
2024年2月25日	ホテルPC21 名古屋	石川健司	開発部	¥28,000
2024年2月27日	札幌日経ホテル別館	西村春奈	経営管理部	¥11,000

❺文字列の幅に広がった

本文の幅に合わせて列幅を自動調整

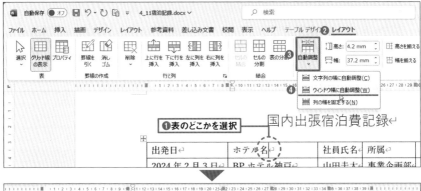

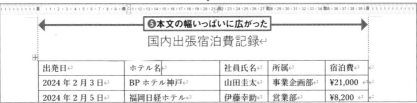

❺本文の幅いっぱいに広がった

国内出張宿泊費記録

出発日	ホテル名	社員氏名	所属	宿泊費
2024年2月3日	BPホテル神戸	山田圭太	事業企画部	¥21,000
2024年2月5日	福岡日経ホテル	伊藤幸助	営業部	¥8,200

図3 表のどこかにカーソルを置いた状態で、表の「レイアウト」タブにある「自動調整」をクリック（①〜③）。「ウィンドウ幅に自動調整」を選ぶと、表が本文の幅いっぱいになるように調整される（④⑤）

Section 12 列の幅や行の高さを ワンクリックで均等に

　行の高さや列の幅がバラついていると、見栄えが悪い。手作業でも、数値指定でも、一度でピタリと揃えるのは難しい。そんなときは、「高さを揃える」ボタンや「幅を揃える」ボタンを使って自動で揃えよう。

　表全体で行の高さを均一にしたいなら、表のどこかにカーソルを置いた状態で、「高さを揃える」ボタンを押す（**図1**）。図1の例では、一部のセルの文字数が多く2行になっているため、その行に合わせて表全体の高さが広がった。

　一部の行や列だけを均等にしたいなら、対象となる行や列を選択してから操作する（**図2、図3**）。列の幅を均等にする場合、表全体の幅は変えずに、均等になるように列幅が調整される。

　高さや幅は数値で正確に指定することもできる。揃えたい行や列を選択し、表の「レイアウト」タブで「高さ」や「幅」を入力する（**図4、図5**）。

行の高さをボタン1つで揃える

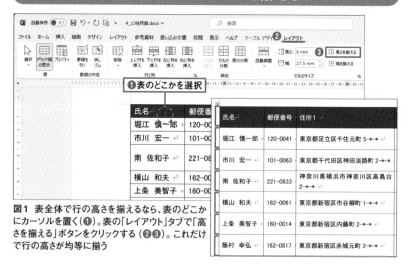

図1 表全体で行の高さを揃えるなら、表のどこかにカーソルを置く（❶）。表の「レイアウト」タブで「高さを揃える」ボタンをクリックする（❷❸）。これだけで行の高さが均等に揃う

一部の列幅だけ均等に揃える

図2 揃えたい列をすべて選択し、表の「レイアウト」タブで「幅を揃える」をクリック（❶～❸）

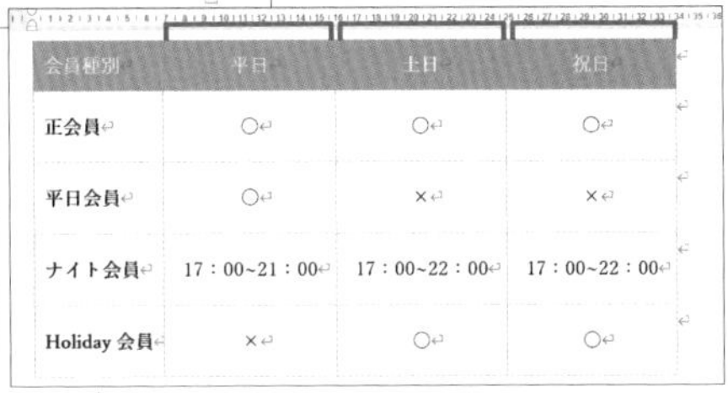

図3 選択していた列の幅が揃う。行の高さも「高さを揃える」で同様に調整できる

列幅を数値で指定する

図4 揃えたい列をすべて選択し、表の「レイアウト」タブで「幅」にミリ単位で数値を入力する（❶～❸）

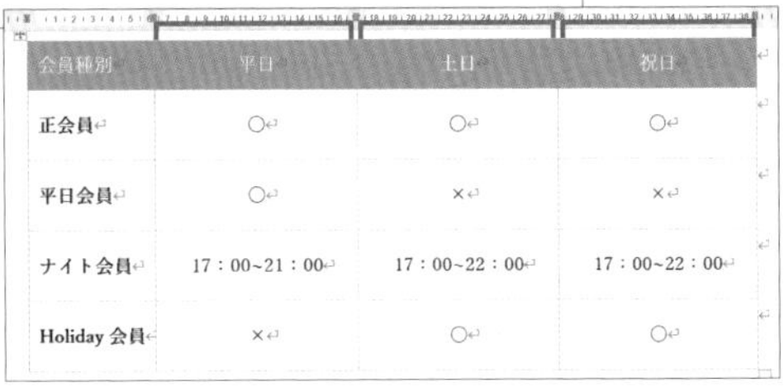

図5 選択していた列が指定した幅に揃う。行の高さも「高さ」で同様に調整できる

Section 13
表編集の手際は セルの選択で決まる

　表の書式などを変更するには、目的のセルに移動したり、対象となるセル、行、列などを選択したりすることから始まる。的確にセルを選択できないと作業がはかどらず、無駄な時間がかかってしまう。Wordの表で使える移動や選択の方法をまとめて紹介するので、この機会によく使うものだけでも覚えておこう。

　Excelの場合、クリックするとセルが選択されるが、Wordの場合は中の文字が選択される。セルを選択するには、セルの左端にマウスポインターを移動し、カーソルの形が変わったところでクリックする（**図1**、**図2**）。行や列を選択する場合も、マウスポインターの形がヒントになる（**図3**）。表全体を選択するには、表の左上に表示される十字形の矢印ボタンをクリックする。

　選択中のセルから上下左右のセルに移動するには、Excelと同様、進みたい方向のカーソルキーを押せばよい。ドラッグでセル範囲を選択できる点や、「Ctrl」キーを押しながらドラッグすると追加の選択ができる点もExcelと同じだ（**図4**）。行単位、列単位の選択もドラッグでできる（**図5**）。ドラッグが苦手なら、始点をクリックし、範囲の終点を「Shift」キーを押しながらクリックしてもよい（**図6**）。

　そのほか、セルの選択でよく使うショートカットキーを表にまとめた（**図7**）。

セルを選択するならセルの左端でクリック

氏名 ↵	郵便番号 ↵	住所1 ↵	住所2 ↵
堀江　慎一郎 ↵	120-0041	東京都足立区千住元町 5-*-* ↵	落合ビル3階 ↵
市川　宏一 ↵	101-0063	東京都千代田区神田淡路町 2-*-*	↵
南　佐和子 ↵	221-0833	神	

図1 セルの左端、罫線近くにマウスポインターを移動し、右上向きの矢印に変わったらクリックする

氏名 ↵	郵便番号 ↵	住所1 ↵	住所2 ↵
堀江　慎一郎 ↵	120-0041	東京都足立区千住元町 5-*-*	落合ビル3階 ↵
市川　宏一 ↵	101-0063	東京都千代田区神田淡路町 2-*-*	↵
南　佐和子 ↵	221-0833	神奈川県横浜市神奈川区高島台 2-*-*	三崎ハイツ 302

図2 文字ではなくセルを選択できる

行、列、表全体はクリックで簡単選択

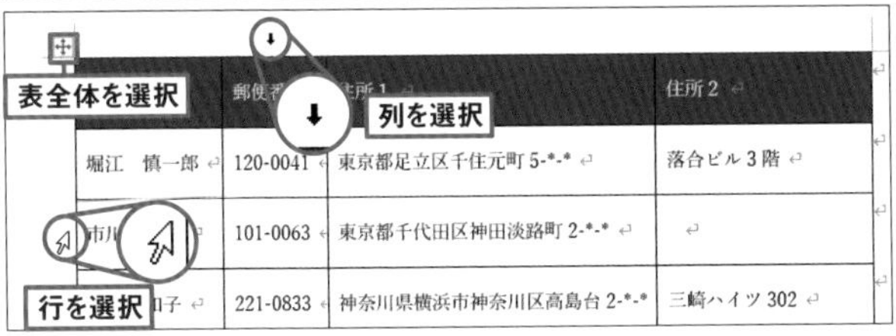

図3 行なら左側余白、列なら上側余白にマウスポインターを合わせ、ポインターの形が変わったところでクリックする。表全体を選択する場合は、表の左上に表示される十字形矢印をクリックする

複数セルはドラッグで、離れた範囲は「Ctrl」+ドラッグで

図4 連続するセルはドラッグ操作で選択する(❶)。追加で選択したいセル範囲があるときは、「Ctrl」キーを押しながらドラッグする(❷)

図5 複数の行を選択するなら、行の左側余白をドラッグする

図6 始点をクリックし、終点を「Shift」キーを押しながらクリックしても範囲を選択できる(❶❷)

カーソルの移動先	ショートカットキー	範囲選択	ショートカットキー
列の先頭	Alt + Page Up	列の先頭まで選択	Shift + Alt + Page Up
列の末尾	Alt + Page Down	列の末尾まで選択	Shift + Alt + Page Down
行の先頭	Alt + Home	行の先頭まで選択	Shift + Alt + Home
行の末尾	Alt + End	行の末尾まで選択	Shift + Alt + End

図7 素早く正確に移動、あるいは選択するには、ショートカットキーを覚えたい[注]

[注]ノートパソコンなどでは、「Home」「End」「PageUp」「PageDown」の各キーが「Fn」キーと同時に押さないと機能しない場合がある

4章 作図・画像・作表をマスターして視覚化

Section 14 不定型な表も ドラッグ操作で簡単に作れる

　表は縦横に整然と区切られたものばかりではない。セルの並びが不規則な表や、凹凸のある表が必要なときもある（**図1**）。こうした表を作るとき、Excelのようにセルの分割や結合で対応しようとすると、厄介なことになる。考え方を変えてWord流で作れば、不定型な表でも意外なほど簡単に実現することができる。

　行単位や列単位で幅を変えるExcelと違って、Wordの表はセル単位で幅を変えられる。ポイントは、対象のセルを選択した状態で罫線をドラッグすること（**図2**）。表の端にある罫線も同様に動かせるので、凹凸のある表でも問題なく作れる（**図3**）。

　また、表を作成中に「ここでセルを区切りたい」と思うことがある。通常はセルを分割してから目的の場所まで罫線を移動するのだが、「罫線を引く」機能を使えば手書き感覚で思い通りの位置に線を引いてセルを区切ることができる（**図4**）。作表というと「Excelのほうが楽」だと思いがちだが、こうした不規則な表であれば、Wordで作るほうが楽なことも多い。

こんな表はどう作る？

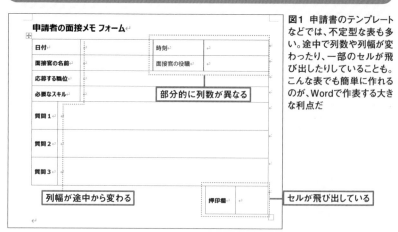

図1 申請書のテンプレートなどでは、不定型な表も多い。途中で列数や列幅が変わったり、一部のセルが飛び出したりしていることも。こんな表でも簡単に作れるのが、Wordで作表する大きな利点だ

セルを選択すれば罫線は個別に動かせる

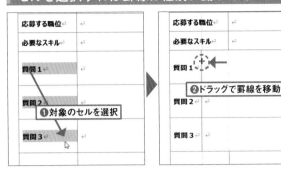

図2 列幅を変更したいセルをまとめて選択（❶）。動かしたい罫線にマウスポインターを合わせてドラッグする（❷）。これで選択したセルだけ列幅を変えられる

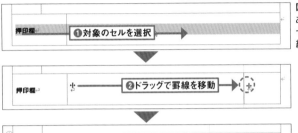

図3 移動したい罫線が端にあっても問題ない。対象となるセルを選択して、動かしたい罫線をドラッグする（❶〜❸）

「罫線を引く」ツールで自由に表を区切る

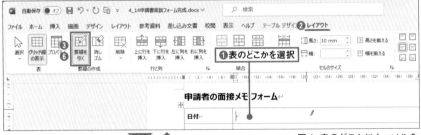

図4 表のどこかにカーソルを置いた状態で、表の「レイアウト」タブにある「罫線を引く」ボタンをクリック（❶〜❸）。マウスポインターが鉛筆の形に変わったら、セルを区切る線をドラッグで描く（❹❺）。線を引き終わったら、再び「罫線を引く」をクリックして終了する（❻）

Section
15
表の中の文字列を
見栄え良く配置する

　Wordの初期設定では、表の中の文字列は、セルの左上を基準に両端揃えで配置される。通常の文章であれば、左右の位置揃えや行間などで配置が決まるが、セル内の文字列の場合、セルの上下どちらに揃えるかも問題だ。ここでは、セル内の文字配置を簡単に揃えるための機能を3つ紹介する（**図1**、**図2**）。

　セル内の基本的な文字配置は、表の「レイアウト」タブにある9つの「配置」ボタンで指定する（**図3**、**図4**）。

　文字列とセルの罫線の間隔を広げたければ、「レイアウト」タブの「インデント」を使う（**図5**）。セルのインデントを調整する場合、「ホーム」タブの「インデントを増やす」を使うと行全体が移動してしまうので、「レイアウト」タブで設定するのがポイントだ。

　表の「レイアウト」タブにある「セルの配置」でも余白を指定できるが、こちらは表内のすべてのセルに適用されるので、使い方に注意しよう（**図6**）。初期設定では、左右1.9mmずつの余白になっている。

表内の文字をバランス良く配置する3つの機能

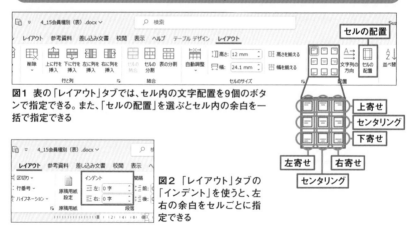

図1　表の「レイアウト」タブでは、セル内の文字配置を9個のボタンで指定できる。また、「セルの配置」を選ぶとセル内の余白を一括で指定できる

図2　「レイアウト」タブの「インデント」を使うと、左右の余白をセルごとに指定できる

セル内の文字揃えはボタン1つで変更

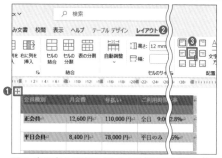

図3 表の左上に表示される十字形矢印ボタンをクリックして表全体を選択する（❶）。表の「レイアウト」タブで「中央揃え」ボタンをクリックすると、文字列がセルの上下左右中央に揃う（❷❸）

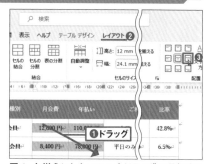

図4 右揃えにしたいセルをドラッグで選択する（❶）。表の「レイアウト」タブで「中央揃え（右）」ボタンをクリックすると、文字列がセルの上下中央、右揃えで表示される（❷❸）

インデント設定で罫線と文字の間隔を広げる

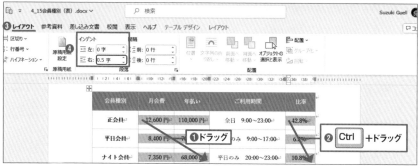

図5 右揃えにしたセルに関して、右側の罫線と文字の間隔を広げよう。まず対象セルをドラッグや「Ctrl」＋ドラッグで選択（❶❷）。「レイアウト」タブの「インデント」欄で「右」を「0.5字」に設定する（❸❹）

表全体の余白をまとめて調整

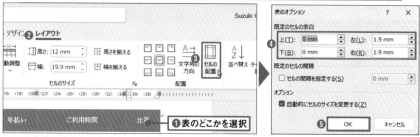

図6 表全体の余白を指定するには、表のどこかにカーソルを置いた状態で、表の「レイアウト」タブを選択する（❶❷）。「セルの配置」をクリックし、表の既定にする余白を設定する（❸〜❺）

Section 16 行や列は「Tab」キーと 「＋」ボタンで簡単に追加

　表を作っていると、「1行足りない！」といったことがよくある。表の「レイアウト」タブで「下に行を挿入」や「右に列を挿入」などのボタンを使って追加するのが基本だが、ここではもっと簡単な方法を紹介しよう。

　表の下に行を追加するなら、最後（右下隅）のセルで「Tab」キーを押す（図1）。これだけで新しい行が追加できる。

　修正時など、表の途中に行や列を追加することもできる。挿入する位置の罫線の、行なら左側、列なら上側にマウスポインターを合わせ、表示された「＋」ボタンをクリックする（図2）。この方法なら、追加する位置を間違えることもない。

表の下に行を追加するなら「Tab」キーで

図1　表の最後（右下隅）のセルにカーソルを移動し、「Tab」キーを押す（❶）。表の一番下に行が追加され、そこにカーソルが移る（❷）

途中に行や列を追加するなら「＋」ボタン

図2　行を追加する。新しい行を挿入する位置の左側の余白にマウスポインターを移動すると表示される「＋」ボタンをクリックすれば、新しい行が挿入できる（❶❷）。列を追加するには上側の余白で同様に操作する

驚きの高機能!
Office用Copilot

有料版のCopilotを契約すると、Wordや
PowerPointなどのOfficeアプリで直接、Copilot
の支援を受けられる。「○○の企画書を書いて」
などと依頼すれば、AIが文面やスライドを作成し
てくれるのだ。文書作成の手間は減り、大幅な時
短につながる。

Section
01

Copilotの有料版なら
Officeアプリでも使える

　WordなどのOfficeアプリにCopilotが搭載され、文書の下書きなどを自動で行ってくれる——。そんなニュースを耳にして、期待に胸を弾ませた人もいるだろう。これを実現するのが有料版Copilot。ただし、Copilotを追加して利用できるのは、Microsoft 365版とオンライン版のOfficeに限られる点には注意が必要だ。個人向けに提供される有料版のCopilotは「Copilot Pro」、法人向けの有料版Copilotは

図1　有料版のCopilotを契約すれば、WordやExcelなどのOfficeアプリにもCopilotを追加して利用できる。有料版には、個人向けと法人向けの2種類ある

196

「Copilot for Microsoft 365」と呼ばれる（**図1**）。

　Copilot Proの目玉は前述の通り、WordなどのOfficeアプリでCopilotが使えることだ。対象はMicrosoft 365 PersonalとFamily（**図2**、**図3**）。オンライン版のOfficeでは、単独の契約でも使える（次ページ**図4**）。契約すると、WebサイトやEdge、Windowsで提供されるCopilotも「Pro」仕様になり、高機能な「GPT-4」などを優先的に使える。

個人で導入するなら「Copilot Pro」

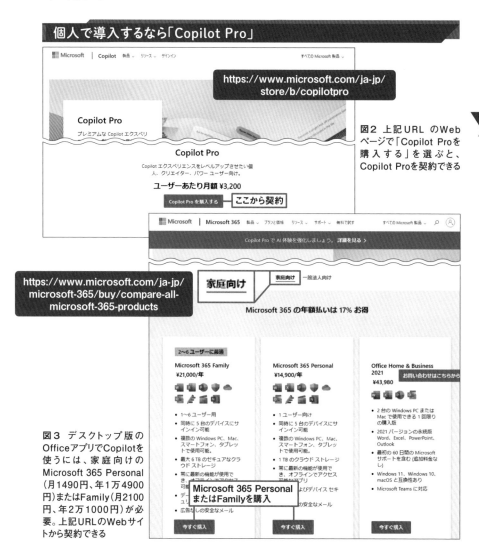

https://www.microsoft.com/ja-jp/store/b/copilotpro

図2 上記 URL のWebページで「Copilot Proを購入する」を選ぶと、Copilot Proを契約できる

ここから契約

https://www.microsoft.com/ja-jp/microsoft-365/buy/compare-all-microsoft-365-products

家庭向け

Microsoft 365 Personal
またはFamilyを購入

図3 デスクトップ版のOfficeアプリでCopilotを使うには、家庭向けのMicrosoft 365 Personal（月1490円、年1万4900円）またはFamily（月2100円、年2万1000円）が必要。上記URLのWebサイトから契約できる

　一方、法人向けの「Copilot for Microsoft 365」は、法人向けMicrosoft 365のオプションとして提供される。1ユーザー当たり年額4万9500円と高額だが、WordなどのOfficeアプリに加えて、Teamsでも利用可能。WebサイトやEdge、WindowsのCopilotが高機能化し、組織内のデータも参照できるようになる。知的財産権に関する法的サポートも付くなど、組織全体で安心してフル活用できるサービスとなっている。なお、これら有料版Copilotは、ウェブ上で購入が可能だ(**図5、図6**)。

　法人向けのCopilot for Microsoft 365を契約している場合、オンライン会議アプリのTeamsでもCopilotを利用できる。オンライン会議を録音して「トランスクリプション」(文字起こし)を有効にした場合は、それを基にCopilotが内容を集約。議事録を作成したり、課題やタスクを洗い出したりすることが可能だ。チャットのやり取りについても、過去30日まで遡って要約などを依頼できる。会話の要点をまとめたり、「どのような決定がなされたか?」「○○さんは何と言っていたか?」といった質問に答えたりもしてくれる(次々ページ**図7**)。

　また、法人向けのCopilotでは、OneDriveやSharePointなどのサーバーに保管

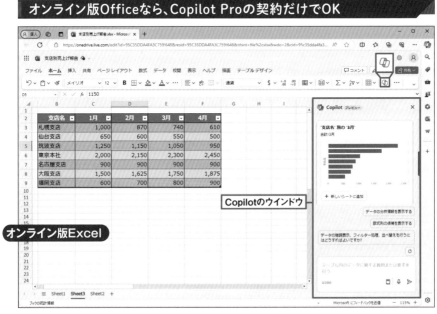

オンライン版Officeなら、Copilot Proの契約だけでOK

図4 Microsoft 365 PersonalやFamilyの契約がなくても、Webブラウザー上で使えるオンライン版Officeでは、Copilot Proのみの契約でCopilotが利用できる

法人向けは「Copilot for Microsoft 365」

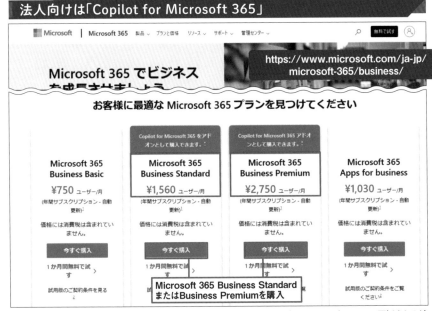

図5 法人向けのCopilot for Microsoft 365は、Business Standard（月2059円、年2万592円）以上の法人向けMicrosoft 365の契約が必要。上記の2種類のほか、大企業向けのEnterpriseなどでも追加契約により利用できる

図6 法人向けMicrosoft 365では、管理者向けの「管理センター」画面にある「サービスを購入する」から、Copilot for Microsoft 365の契約ができる

されたファイル、社員の情報、自分のメールなどを横断的に検索できる。以前は「Microsoft 365チャット」と呼ばれていた機能で、例えば社員を指定してその人が作成した文書を探したり、その概要をまとめたりしてもらえる。出張費精算の方法がわからないときは、Copilotに質問すると社内文書の中から情報を探してくれる。

この法人向けCopilotは、組織アカウントでサインインすることで、Webサイトや Windowsでも利用できる。またTeamsや「Microsoft 365」のアプリ／サイトの中でも提供されている（**図8、図9**）。

法人向けはTeamsでも使える

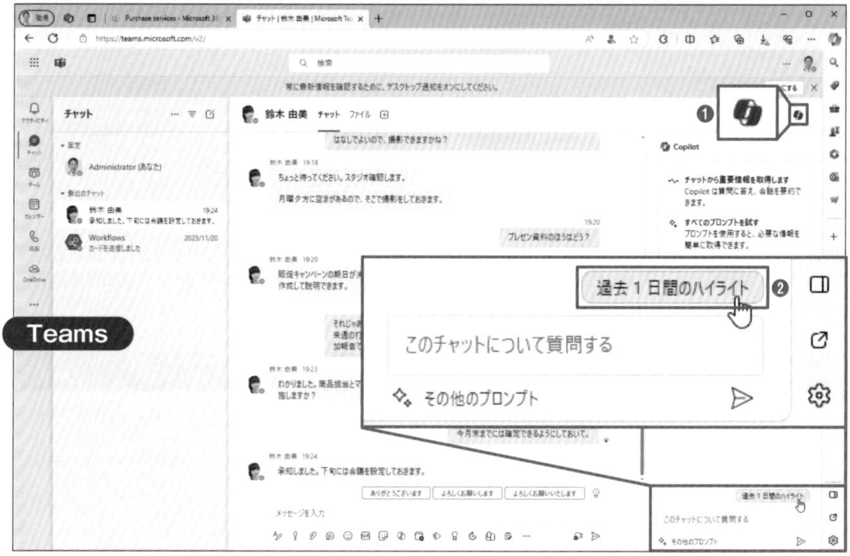
Teams
❶
過去１日間のハイライト
❷
このチャットについて質問する
その他のプロンプト
鈴木 由美
チャット
Copilot

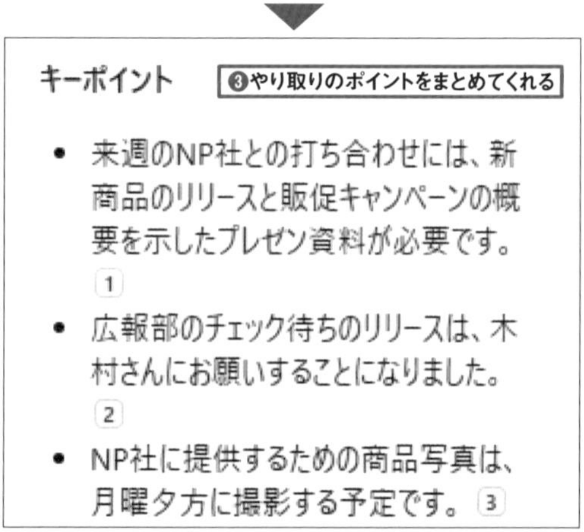
キーポイント
❸やり取りのポイントをまとめてくれる
来週のNP社との打ち合わせには、新商品のリリースと販促キャンペーンの概要を示したプレゼン資料が必要です。 1
広報部のチェック待ちのリリースは、木村さんにお願いすることになりました。 2
NP社に提供するための商品写真は、月曜夕方に撮影する予定です。 3

図7 法人向けでは、TeamsにもCopilotが搭載される（❶）。チャット欄にある「過去○日間のハイライト」という質問例をクリックすると（❷）、その期間のやり取りのポイントをまとめてくれる（❸）。オンライン会議の内容を議事録のようにまとめる機能もあり、タスクの管理などに便利だ

図8 有料版を契約していると、WebのCopilotも有料版に切り替わり、無料版にはない高度な機能やデータ保護機能を利用できるようになる。図はCopilot for Microsoft 365の場合

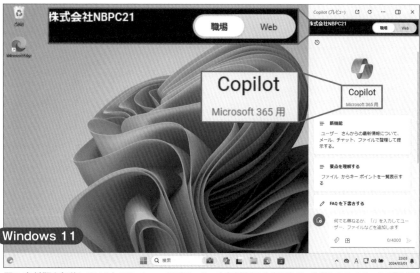

図9 有料版を契約していると、Windows 11のCopilotも有料版のものになる。上端にあるスイッチで「職場」と「Web」を選択でき、用途に応じて有料版と無料版を切り替えて使うことも可能だ。この点はWebのCopilotも同様になる

<table>
<tr><td>Section
02</td><td>WordのCopilotで
下書きを自動作成</td></tr>
</table>

　ここからは、有料版で使えるOfficeアプリ向けのCopilotの使い方を解説していこう。「Copilot Pro」と「Copilot for Microsoft 365」で利用できるものだ。契約済みの人はまだ少ないと思うが、どのようなことができて、どんな使い勝手なのかをチェックしてほしい。効率化の武器になることは間違いない。

作りたい文書を説明するだけでOK

図1 Word用のCopilot（Copilot in Word）で文書を作成してみよう。Wordを起動して新規文書を開くと、最初に「Copilotを使って下書き」という入力欄が表示される（上）。表示されない場合は、カーソル位置に表示されているCopilotのアイコンをクリックすると表示される（左）

作りたい文書を示すだけで納品書や企画書を自動作成

まずはWordのCopilotから見ていこう。Wordには、作りたい文書の内容を入力するだけで、Copilotが下書きを作成してくれる機能が搭載される。

Wordで新規文書を開くと、中央に「Copilotを使って下書き」という入力画面が表示される（**図1**）。ユーザーは、ここに作りたい文書の説明を入力するだけでよい。新規文書を開いたときに「Copilotを使って下書き」ウインドウが開かなかった場合は、カーソル位置に表示されるCopilotのアイコンをクリックすることで表示できる。「Alt」キーを押しながら「I」キーを押しても表示できる。

例えば、「顧客に商品を届ける際に添付する納品書」などと入力して「生成」ボタンを押す（**図2**）。それだけで「納品書」というタイトル、社名、冒頭のあいさつ、商品名、数量、単価などの項目が並んだ納品書が自動作成される（次ページ**図3**）。社名や商品名などはもちろんダミーだが、これをひな型にして実際の情報を盛り込めば、素早く簡単に納品書を仕上げられる。「納品書にはどんな情報を盛り込むべき？」「あいさつ文はどんなものがいい？」などと悩まずに済むので、大幅な時短になる。

気に入らなければ「再生成」、追加の要望を出すことも可能

下書きが終わった直後には、図3のようなツールバーが表示されている。結果がいまひとつだった場合は、「再生成」ボタンを押すと作り直してもらえる。また入力欄に追加の要望を入れて送信すれば、好みに応じたカスタマイズも可能だ。ここでは、「商品の一覧は表形式にして」と依頼したところ、「商品名」「数量」「単価」「金額」という明細表を用意してくれた（次々ページ**図4**）。

納品書を作成してもらう

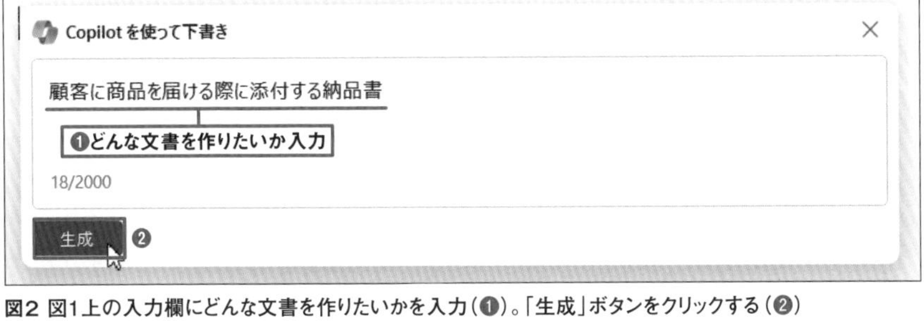

図2 図1上の入力欄にどんな文書を作りたいかを入力（❶）。「生成」ボタンをクリックする（❷）

　作り直した後、「やっぱり前のバージョンのほうが良かった」という場合は、ツールバーの上部にある「＜」をクリックすることで、前のバージョンに戻すこともできる（**図5**）。「＞」をクリックすれば再度、新しいバージョンを表示できるので、何通りか生成した後でバージョンを前後させて比較検討してもよい。

　下書きとして満足のいく文書が生成されたら、「保持する」ボタンをクリックする。するとCopilotによる文書作成モードが終了し、通常の文書として編集を続けられる。Copilotが生成した文書を下書きにして、具体的な事柄を盛り込んでいこう。

Copilotが作成した「納品書」の下書き

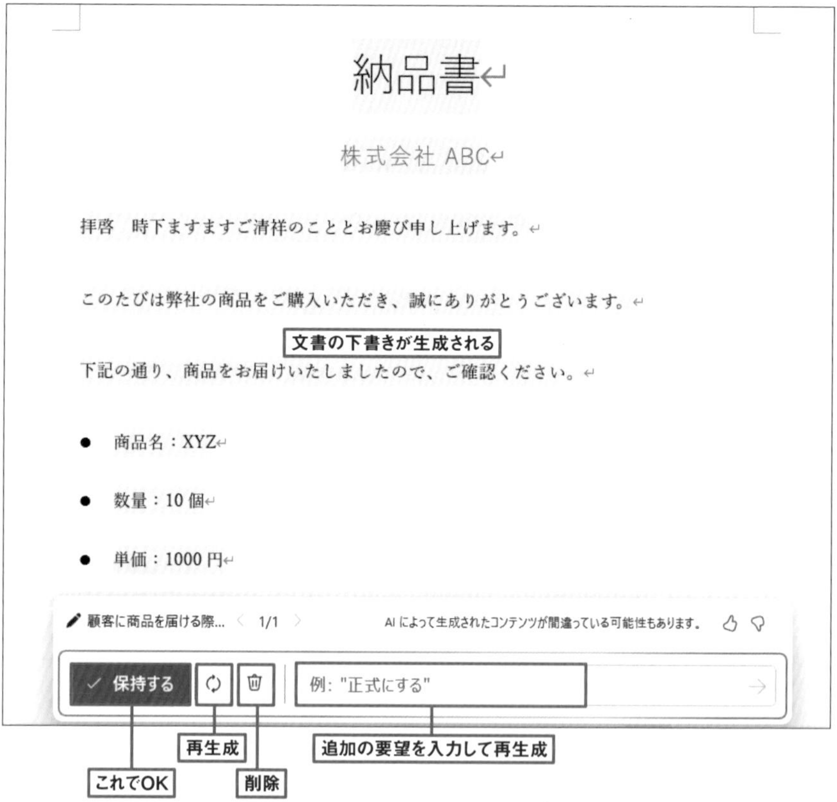

図3 Copilotが必要な項目や構成を検討して、納品書の下書きを自動作成してくれる。生成された直後は、文章が水色に塗られた状態になっていて、下端にCopilotのツールバーが表示される。下書きに問題がなければ「保持する」を押すことで、通常のWord 文書として編集を続けられる。下書きをやり直す「再生成」ボタンや下書きをキャンセルする「削除」ボタンもある

追加の要望を出して修正も可能

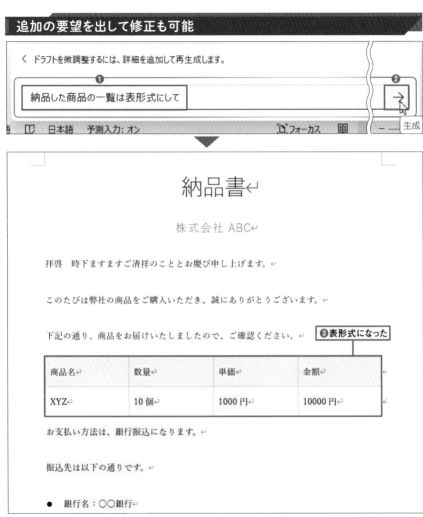

図4 図3のツールバーにある入力欄に追加の要望を入れて、下書きを手直ししてもらうことも可能だ。ここでは、商品の一覧を表形式にするように依頼したところ（❶❷）、該当部分を表に作り替えてくれた（❸）

図5 下書きを再生成した後で、「やっぱり前のほうが良かった」という場合は、図3のツールバー上部にある「＜」ボタンをクリックすると、前のバージョンに戻せる

企画書の作成を依頼すると、参考になるアイデアが満載

WebのCopilotと同様、企画やアイデアの提案も依頼できる。**図6**は、ギャラリーを兼ねたカフェで実施する展示即売会の企画書の例。「概要」「目的」「内容」「予算」「スケジュール」などの情報を整理した3ページ分の下書きが自動で作成された。

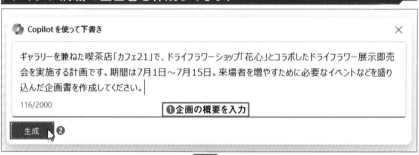

アイデア満載の企画書を作成してもらう

> 🔵 Copilot を使って下書き　　　　　　　　　　　　　　　　　✕
>
> ギャラリーを兼ねた喫茶店「カフェ21」で、ドライフラワーショップ「花心」とコラボしたドライフラワー展示即売会を実施する計画です。期間は7月1日～7月15日。来場者を増やすために必要なイベントなどを盛り込んだ企画書を作成してください。|
>
> 116/2000　　　**❶企画の概要を入力**
>
> 生成　❷

カフェ 21 × 花心　ドライフラワー

展示即売会企画書↵

期間：7 月 1 日～7 月 15 日↵

▪1. 概要↵　　　**❸企画書が生成された**

カフェ 21 は、アートや音楽を楽しめるギャラリーを併設した喫茶店です。今回、ドラ

イフラワーショップ「花心」とコラボして、ドライフラワーの展示即売会を開催しま

す。花心は、自然の素材を活かしたドライフラワーのアレンジメントや雑貨を制作し

ており、カフェ 21 の店内に合わせてオリジナルの作品を展示販売します。来場者は、

図6 ギャラリーを兼ねたカフェで実施するドライフラワーの展示即売会の企画書を作成するように依頼した（❶❷）。「概要」「目的」「内容」「予算」「スケジュール」といった項目を順番にまとめた3ページ分の企画書が作成された（❸）。内容は一例だが、企画書にはどんな項目を入れるべきかがわかり、参考になるだろう

細部はダミーなので、具体的な企画内容は当然、自分で練らなければならない。しかし、Copilotが提案する内容もかなり参考になる。ここでは、下書きを依頼するときに「来場者を増やすために必要なイベントを盛り込んだ企画書を作成してください」と指定していたため、期間限定の特別メニュー、購入者への割引、ワークショップの開催など、実際に使えそうなアイデアが企画書に盛り込まれていた（**図7**）。これらを参

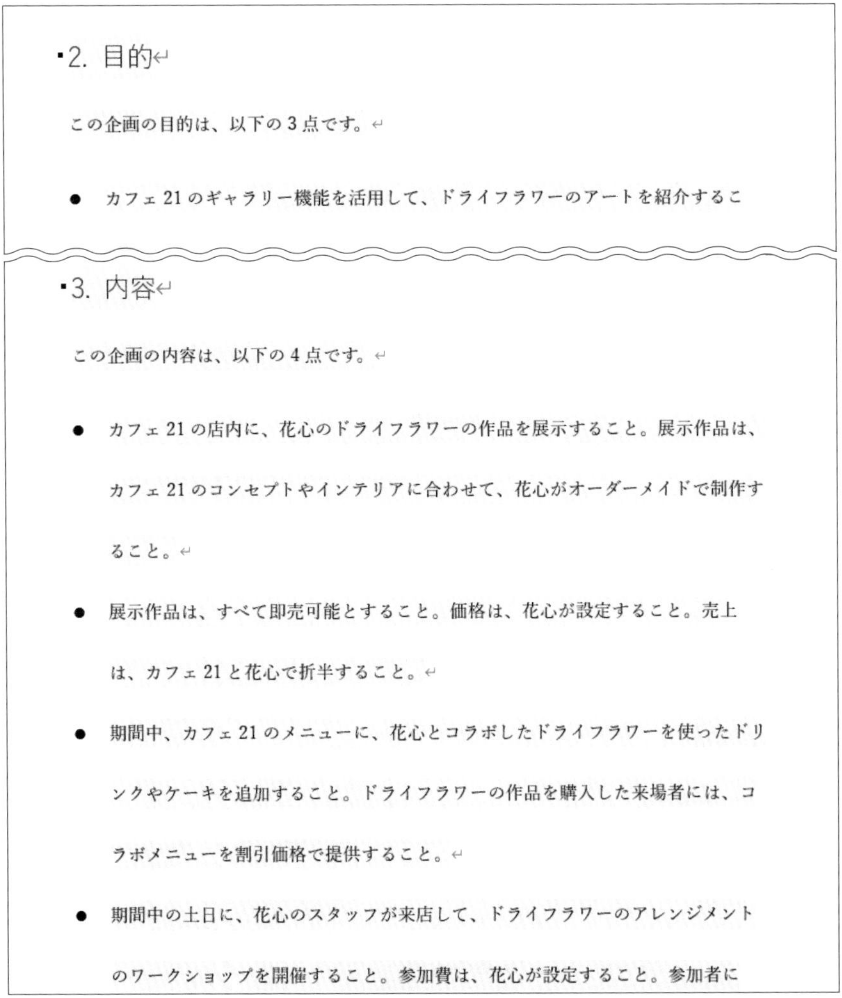

・2. 目的↵

この企画の目的は、以下の3点です。↵

● カフェ21のギャラリー機能を活用して、ドライフラワーのアートを紹介するこ

・3. 内容↵

この企画の内容は、以下の4点です。↵

● カフェ21の店内に、花心のドライフラワーの作品を展示すること。展示作品は、カフェ21のコンセプトやインテリアに合わせて、花心がオーダーメイドで制作すること。↵

● 展示作品は、すべて即売可能とすること。価格は、花心が設定すること。売上は、カフェ21と花心で折半すること。↵

● 期間中、カフェ21のメニューに、花心とコラボしたドライフラワーを使ったドリンクやケーキを追加すること。ドライフラワーの作品を購入した来場者には、コラボメニューを割引価格で提供すること。↵

● 期間中の土日に、花心のスタッフが来店して、ドライフラワーのアレンジメントのワークショップを開催すること。参加費は、花心が設定すること。参加者に

図7 「来場者を増やすために必要なイベント」を盛り込むように依頼したところ、購入者への割引メニュー、フラワーアレンジメントのワークショップなどのアイデアを提案してくれた。これらをベースに、自分なりの企画書に仕上げればよい

考にまとめていけば、作成の手間が劇的に減ると同時に、自分だけでは思い付かないような斬新な企画書が出来上がるかもしれない。

　作成済みの下書きについて、部分的に修正や変更をお願いすることもできる。修正したい範囲を選択すると、左側にCopilotのアイコンが表示される（**図8**）。クリック

後から部分的に修正を依頼

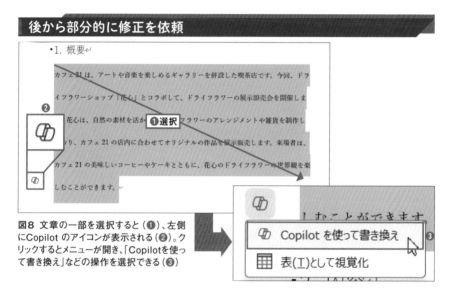

図8 文章の一部を選択すると（❶）、左側にCopilotのアイコンが表示される（❷）。クリックするとメニューが開き、「Copilotを使って書き換え」などの操作を選択できる（❸）

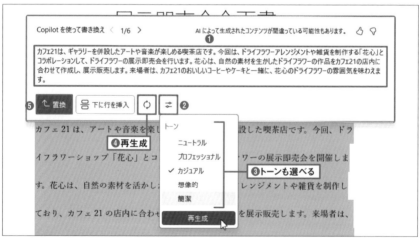

図9 図8下で「Copilotを使って書き換え」を選ぶと、修正案のプレビューが表示される（❶）。ピンとこなければ、文章のトーンを指定して再生成させることも可能だ（❷〜❹）。満足のいく文章が出来上がったら「置換」ボタンを押そう（❺）。すると文章が置き換わる

してメニューから「Copilotを使って書き換え」を選ぶと、選択した文章が別の表現に置き換えられる（**図9**）。また「表として視覚化」を選ぶと、その部分を表形式に変換することも可能だ（**図10**）。箇条書きで列挙されているような項目を、見やすい表にまとめてくれる（**図11**）。

表形式に変換してわかりやすく視覚化

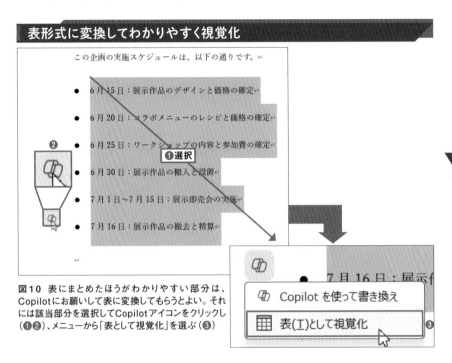

図10 表にまとめたほうがわかりやすい部分は、Copilotにお願いして表に変換してもらうとよい。それには該当部分を選択してCopilotアイコンをクリックし（❶❷）、メニューから「表として視覚化」を選ぶ（❸）

日付	内容
6月15日	展示作品のデザインと価格の確定
6月25日	ワークショップの内容と参加費の確定
6月20日	コラボメニューのレシピと価格の確定
6月30日	展示作品の搬入と設置
7月1日～7月15日	展示即売会の実施
7月16日	展示作品の撤去と精算

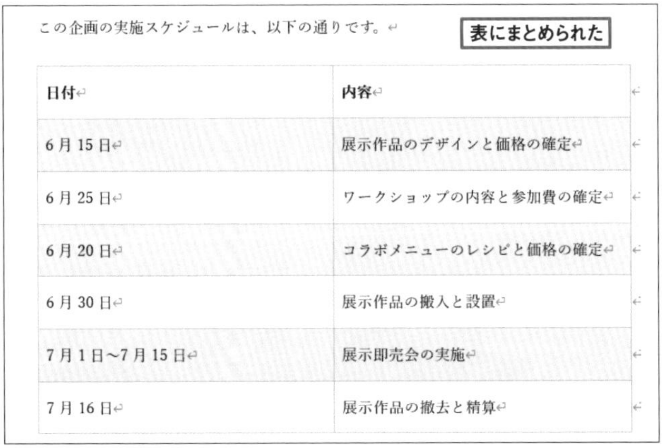

図11 箇条書きが表に作り替えられて見やすくなった。図10下のメニューを選んでも、内容によっては表にならないこともあるが、箇条書きなどは成功しやすい

Section 03 既存のWord文書について 質問や相談をする

Copilotが支援してくれるのは、文書の下書きだけではない。既存の文書、あるいは作成中の文書について質問したり、相談したりすることもできる。

「ホーム」タブの右端にある「Copilot」ボタンをクリックすると、画面の右側に

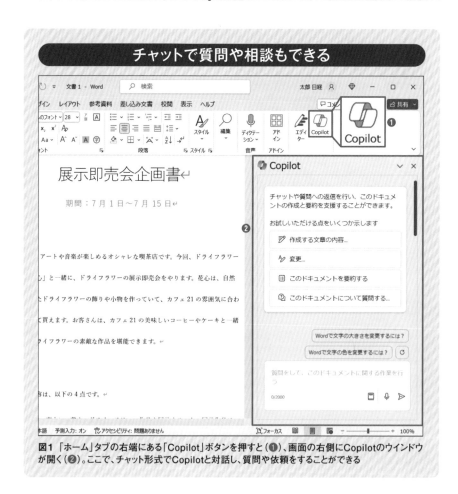

チャットで質問や相談もできる

図1　「ホーム」タブの右端にある「Copilot」ボタンを押すと（❶）、画面の右側にCopilotのウインドウが開く（❷）。ここで、チャット形式でCopilotと対話し、質問や依頼をすることができる

「Copilot」ウインドウが表示される（**図1**）。このウインドウでは、WebやWindowsの Copilotと同様、チャットで会話をしながら、文書について質問したりアドバイスをもらったりできる。

　図2は、前項で作成していたコラボレーションの企画書を開いた状態で、コラボレーションに際して「どのような取り決めをしておく必要がありますか?」と尋ねた例だ。作品のデザイン、価格、制作方法などをはじめ、売り上げの分配方法、ワークショップの参加費など、事前に詰めておく必要のある事柄をいくつも列挙してくれた。企画の段

文書の内容について相談する

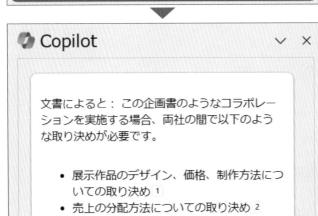

この企画書のようなコラボレーションを実施する場合、両社の間でどのような取り決めをしておく必要がありますか?

53/2000

Copilot

文書によると: この企画書のようなコラボレーションを実施する場合、両社の間で以下のような取り決めが必要です。

- 展示作品のデザイン、価格、制作方法についての取り決め
- 売上の分配方法についての取り決め
- コラボメニューのレシピ、価格、提供方法についての取り決め
- ワークショップの内容、参加費、開催方法についての取り決め これらの取り決めは、両社が協力して企画を成功させるために重要です。

図2 前項で見てきた企画書を開いた状態で、上図のように両社の間で必要な取り決めについて聞くと、価格や売り上げの分配方法、ワークショップの参加費、開催方法など、検討しなければならない事柄をアドバイスしてくれた。文書を作るだけでなく、議論のヒントも与えてくれるのが利点だ

これは助かる!

5章

驚きの高機能! Office用Copilot

文書を要約してもらう

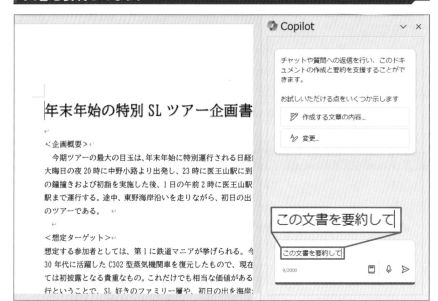

図3 既存の文書について、その内容を要約してもらうことも可能。当該文書を開いた状態で、「この文書を要約して」と頼めば、ポイントをまとめてくれる

階では曖昧でよくても、いずれは決めなければいけないこととして参考になるだろう。

　取引先から受け取った企画書や報告書など、既存の文書を要約してもらえる点も重宝する（**図3**）。忙しいときに要約を頼めば、短時間で概要を把握できるし、要約文中にある注釈番号をクリックすることで、文書内の該当箇所にジャンプして、詳細を確認できる。

文書について改善すべき点もアドバイスしてくれる

　文書について改善点を尋ねることも可能だ。図3の「SLツアー企画書」に対して「改善点があれば教えて」と尋ねたところ、料金や予約方法、キャンセルポリシーなどの詳細が記載されていないと指摘された（**図4**）。企画書の段階でそこまでの詳細が必要かはケースバイケースだが、顧客に対して営業をかけるときは、そのような説明も不可欠だと気付かされる。社内向けの文書であることを書き添えて改善点を尋ねると、「想定ターゲットに合わせた宣伝方法を検討し、記載することが重要です」といったアドバイスもしてくれた。

文書の改善点を尋ねる

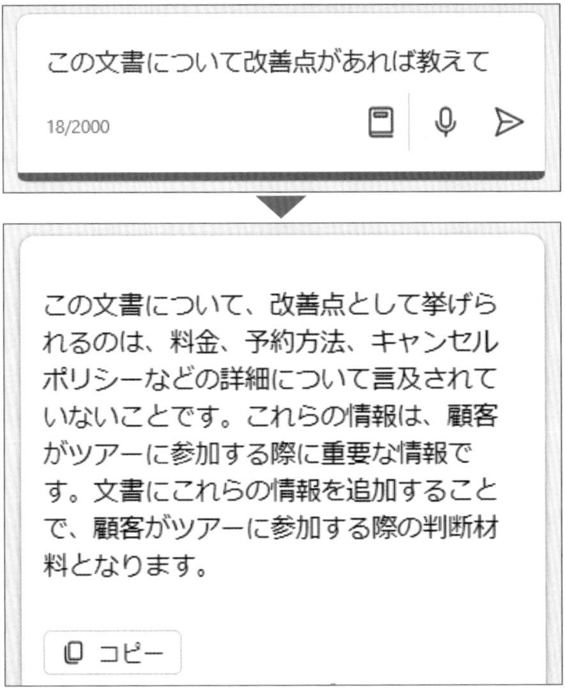

この文書について改善点があれば教えて

18/2000

図4　既存の文書について、改善点を指摘してもらうといった使い方もできる。ツアーの企画書についてアドバイスを求めたら、料金、予約方法、キャンセルポリシーの詳細が必要だと助言してくれた

この文書について、改善点として挙げられるのは、料金、予約方法、キャンセルポリシーなどの詳細について言及されていないことです。これらの情報は、顧客がツアーに参加する際に重要な情報です。文書にこれらの情報を追加することで、顧客がツアーに参加する際の判断材料となります。

コピー

パワポのスライドを自動作成
Word文書も読み取り可能

　ビジネス文書を作成するアプリはWordだけではない。最近はPowerPointを使ってプレゼンテーション資料を作るケースも多い。プロジェクターでスライドを投映するような発表の機会がなくても、PowerPointで作成した資料を印刷したりPDF化したりして配布することはあるだろう。Wordのみならず、PowerPointを使いこなすスキルも、ビジネスの現場では求められている。

図1　有料の「Copilot Pro」または「Copilot for Microsoft 365」で利用できるPowerPoint上のCopilot。「ホーム」タブのボタンで起動できる(❶❷)

PowerPointを使ってプレゼン資料を作成する場面でも、Copilotは驚くべき威力を発揮する。有料版のCopilotを契約すると、「ホーム」タブに「Copilot」ボタンが追加される。クリックするとCopilotのウインドウが開き、スライド作成を支援してくれるのだ（**図1**）。

テーマを入力するだけでスライドを作ってくれる

カフェとドライフラワー展示会のコラボ企画のプレゼンテーションを作成

❶テーマを入力して作成を依頼　　　❷

❸5枚のスライドが自動作成された

図2 ここでは「カフェとドライフラワー展示会のコラボ企画」というテーマでプレゼンテーションの作成を依頼してみた（❶❷）。すると、これをタイトルにして、5枚のスライドが自動作成された（❸）

図3 タイトルスライドのほかには、「コンセプト」「商品」「キャンペーン」「実施期間」というスライドが作られ、イメージに即した写真も配置されている。この構成に従って実際の企画内容を入力していけば、効率良く企画をまとめてプレゼンもできそうだ

　実際にやってみよう。チャットの入力欄に、どのようなテーマのプレゼン資料を作りたいかを入力し、送信すればよい。それだけで、テーマに合わせたスライドを自動的に構成し、デザインまでしてくれる（前ページ図2）。

見栄えのするプレゼン資料を自動的に作成

　ここでは「カフェとドライフラワー展示会のコラボ企画」をテーマにプレゼン資料の作成を依頼した。すると、タイトルスライドに続いて「コンセプト」「商品」「キャンペーン」「実施期間」というスライドが用意され、それぞれ雰囲気に合った写真が挿入された

図4「店頭イベントのアイデアをまとめたスライド」の追加を依頼すると（❶❷）、5つのアイデアを列挙したスライドが追加された（❸）。アイデア自体を生み出してくれる点も、仕事の助けになるだろう

（**図3**）。テーマを指定しただけで、必要と思われる項目を立てて全体を構成してくれるのはありがたい。これを基に具体的な内容を記入していけば、短時間でプレゼン資料をまとめられるだろう。

驚くべきは、Copilotの"デザイン力"だ。ストック画像から適当な写真が挿入されるほか、スライドごとに見栄えのするレイアウトになっていて、洗練された印象を与える。

不足している内容があれば、後から追加することも可能。「店頭イベントのアイデアをまとめたスライドを追加して」と頼んでみると、Copilotが考えたアイデアを箇条書きにしたスライドが新たに挿入された（**図4**）。写真の変更も依頼できる（**図5**）。イメージ

写真の差し替えを依頼

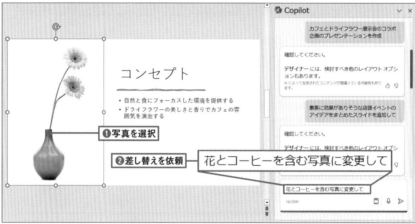

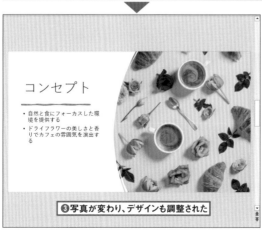

図5 自動作成されたスライドの写真が気に入らなければ、クリックして選択し（❶）、「○○の写真に変更して」などと頼めばよい（❷）。ここでは「花とコーヒーを含む写真」を希望したところ、下図のような写真に変わった（❸）。写真に合わせてスライド全体のデザインも変更されている

と合わない写真があれば、クリックして選択した状態で「○○の写真に変更して」などと頼めば、別の写真を探して差し替えてくれる。写真を変更すると、スライドのレイアウトも再調整されるなど、デザインへの“こだわり”は強い。

　顧客などに向けたプレゼン資料は見た目も大切だが、デザインセンスに自信がない人もいるだろう。一方で、デザインの工夫ばかりに時間を取られて、肝心の中身がおろそかになっては本末転倒だ。その点、Copilotにスライドデザインをまかせれば、ユーザーは内容の検討に集中できる。余計な手間と時間を省けると同時に、見栄えも内容も向上させられる。

図6 Copilot for Microsoft 365の利用者であれば、Wordファイルを基にPowerPointのプレゼンテーションを自動作成できる。CopilotがWord文書の中身を読み取ってスライドを構成し、デザインしてくれる

法人向けのCopilotならWord文書からスライドを作成

　法人向けのCopilot for Microsoft 365は、企画内容などをまとめたWord文書を基に、プレゼン資料を自動作成することも可能だ（**図6**）。Copilotのウインドウを開くと依頼の例がメニュー表示されるが、その中の「ファイルからプレゼンテーションを作成」をクリックすると、入力欄に同じ文言が入力されるとともに、直近で利用したWordファイルがメニュー表示される（**図7**）。そこから目当てのファイルを選択すれば、その内容を基にプレゼン資料を構成し、必要な内容をまとめてくれる。

リストから最近使ったファイルを選択

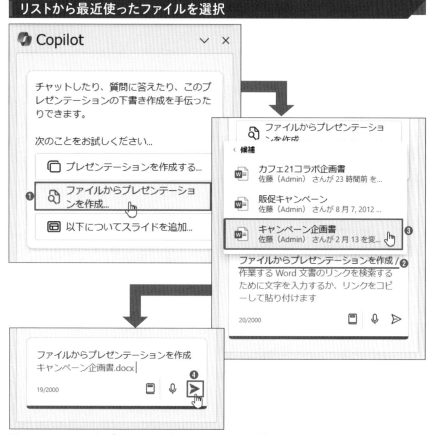

図7 Copilotウインドウで「ファイルからプレゼンテーションを作成」というメニューをクリック（**❶**）。すると、同じ文言が入力欄に入るとともに（**❷**）、直近で利用したWordファイルがメニュー表示される。ここから選択して送信ボタンを押すと（**❸❹**）、その内容を基にスライドが自動作成される

　メニュー表示されたファイルの中に、目当てのWord文書がないときは、手動でファイルを指定することもできる。それには、あらかじめWordファイルのリンクをコピーしておこう。ファイルは、アクセス可能なOneDriveやSharePointのサーバー上に保存されている必要がある。OneDriveやSharePoint上でファイルを選択し、メニューから「リンクのコピー」を選択（**図8**）。そうしてコピーしたリンクを、「ファイルからプレゼンテーションを作成」の文言に続く「/」（半角スラッシュ）の後ろに貼り付ける（**図9**）。こうしてファイルを指定して依頼すれば、そのWord文書を読み取ってプレゼン資料を作成してくれる。

Wordファイルをリンクで指定

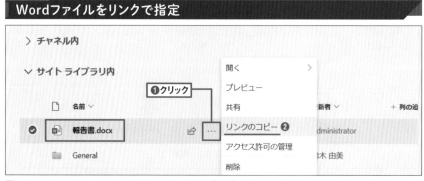

図8 OneDriveやSharePoint上のWordファイルを指定するには、あらかじめリンクをコピーしておく。ファイルにマウスポインターを合わせると表示される「…」をクリックし（❶）、「リンクのコピー」を選ぶ（❷）

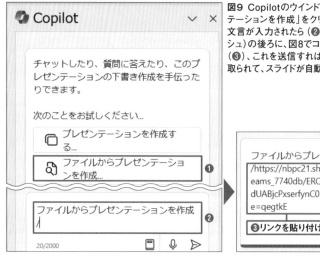

図9 Copilotのウインドウで「ファイルからプレゼンテーションを作成」をクリック（❶）。入力欄に同じ文言が入力されたら（❷）、末尾の「/」（半角スラッシュ）の後ろに、図8でコピーしたリンクを貼り付ける（❸）、これを送信すれば（❹）、文書の中身が読み取られて、スライドが自動作成される

説明用の「ノート」まで用意してくれる

　こうして作成したプレゼンテーションの各スライドには、説明用の「ノート」も自動入力されている（**図10**）。ノートとは、スライドごとに書き込める"メモ"のような機能。スライドを投映して発表する際、手元のパソコンに表示して参照できるものだ。話すべき内容や補足事項などを記入しておくと便利だが、Copilotはこのノートまで用意してくれる。

　Word文書を基にプレゼンテーションを自動作成した場合、元のWord文書の内容もノートに転記される。スライドに盛り込まれるのは概要のみだが、ノートを見れば元の文書の内容がわかるので、口頭でより詳しく説明することが可能だ。自分なりのノートを書き込む場合も、Copilotによるノートをベースにすれば素早く仕上げられる。

プレゼン時に便利な「ノート」も用意される

図10 Copilotが作成したプレゼンテーションには、スライドごとに「ノート」も用意されるので、実際の発表時などに参照すると便利。Wordファイルから作成した場合は、Wordファイルに記載されていた内容も転記されるので、詳細を確認しやすい

説明用のノートも入力されている

Section
05

Outlookではメールを自動作成
表現の指導もしてくれる

　文章の作成は生成AIが最も得意とするものだ。そのため、メールを書く際にもCopilotは大いに役に立つ。EdgeのCopilotが備える「作成」タブを使うと、メールの文面をCopilotに作成してもらい、Webメールなどに挿入できる（43ページ参照）。一方、有料版のCopilotなら、Outlookの中で直接メールの下書きを依頼することなどができる。

　それには、メール作成画面のツールバーでCopilotのボタンを押し、メニューから

図1 Outlookではメールの下書きをCopilotに頼める。メール作成画面のツールバーにあるCopilotのボタンを押して「Copilotを使って下書き」を選ぶと（❶❷）、入力欄が現れる。そこに、書きたいメールの内容を入力して「生成」を押す（❸❹）

「Copilotを使って下書き」を選ぶ（**図1**）。するとCopilotの入力欄が開くので、どのようなメールを書きたいかを入力し、「生成」ボタンを押そう。EdgeのCopilotと同様、文章のトーンや長さを指定することも可能だ。

　文章が作成されたら、ウインドウ内に表示されるプレビューを確認。必要に応じて「再生成」したり、追加の要望を入力して手直ししたりできるのは、WordのCopilotと同じだ（**図2**）。「保持する」ボタンを押すと、メールの本文欄に挿入される。あとは自分なりに必要な修正を加えればよい。

プレビューを確認して「保持する」で挿入

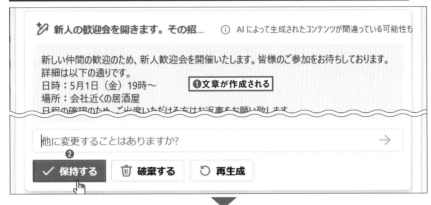

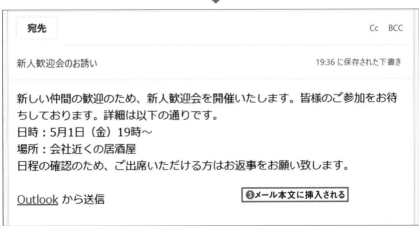

図2 生成された文章がプレビュー画面に表示される（❶）。「再生成」ボタンを押してやり直したり、入力欄に追加の要望を入れて再生成したりすることも可能。内容に問題がなければ、「保持する」を押すと（❷）、メールに反映される（❸）。これを基に仕上げていけば、メールを書くのも楽になる

自分で書いた文章を"添削"してもらう

　下書きだけでなく、自分で書いた文章を"添削"してもらうこともできる。Copilotボタンのメニューから「Copilotによるコーチング」を選ぶと、入力済みの本文について、「トーン」「読者の感情」「明瞭さ」という3つの観点からアドバイスをもらえる（**図3～図5**）。文面から相手の立場や相手が受ける印象などを判断し、不適切な点を指摘したり、修正案を提示したりしてくれる。

　ただし、AIは完璧ではない。常に的確な助言がもらえるとは限らないので注意しよ

自分で書いた文章をチェックしてもらう

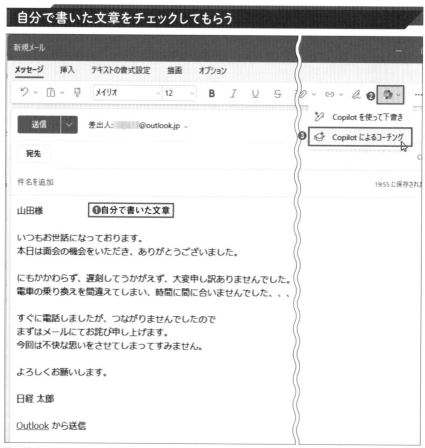

図3 自分で書いたメールの文章について、Copilotに助言を求めることもできる。メール本文を書いた後（❶）、Copilotボタンのメニューから「Copilotによるコーチング」を選ぶ（❷❸）

3つの観点でアドバイスしてくれる

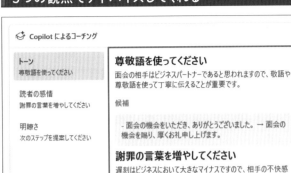

図4 「Copilotによるコーチング」の例。「トーン」(丁寧さやカジュアルさなど)、「読者の感情」(読み手が受け取る印象)、「明瞭さ」の3点について分析し、アドバイスしてくれる。「再生成」を押すと別の意見も見られる

図5 図3の文章に対するアドバイスの例。より丁寧にすべき、感謝や謝罪の言葉を増やすべき、この後どうするかを提案すべき、などのヒントをくれるとともに、具体的な修正案を示してくれることもある

尊敬語を使ってください

面会の相手はビジネスパートナーであると思われますので、敬語や尊敬語を使って丁寧に伝えることが重要です。

候補

- 面会の機会をいただき、ありがとうございました。→ 面会の機会を賜り、厚くお礼申し上げます。

謝罪の言葉を増やしてください

遅刻はビジネスにおいて大きなマイナスですので、相手の不快感や失望感を考慮して、謝罪の言葉を増やしてください。

候補

- 申し訳ありませんでした。→ 大変申し訳ございませんでした。

次のステップを提案してください

遅刻の理由と謝罪を伝えた後、次にどうすればよいかを相手に提案してください。それによって、今後のコミュニケーションを円滑にすることができます。

候補

- よろしくお願いします。→ よろしければ、改めて面会の日程を調整させていただけますでしょうか。

こりゃ、ほかのメールも見てもらったほうがいいな

う。アドバイスは「再生成」もできるので、いくつかの異なる助言を生成して取捨選択するとよい。

　そのほかOutlookでは、やり取りを繰り返したメールの要約も可能。何度か返信を繰り返していた場合、そのスレッド全体をまとめてくれるので便利だ（**図6**）。Copilotはスマホアプリでも使えるが、特にOutlookでは重宝するだろう（**図7〜図9**）。

メールのやり取りを要約する

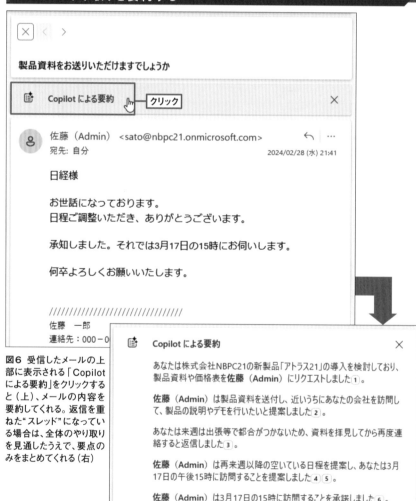

図6 受信したメールの上部に表示される「Copilotによる要約」をクリックすると（上）、メールの内容を要約してくれる。返信を重ねた"スレッド"になっている場合は、全体のやり取りを見通したうえで、要点のみをまとめてくれる（右）

スマホアプリでも使える

図7 Copilotはスマホアプリでも利用できる。特に
Outlookは、スマホでもよく利用するので便利だろう。
下端にあるCopilotのボタンからメニューを選択し、下
書きなどを依頼できる（❶❷）

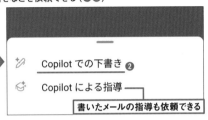

書いたメールの指導も依頼できる

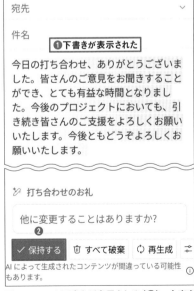

図8 Copilotの入力欄にメールで伝えたい内容を入
力し依頼する（❶❷）

図9 メールの下書きが表示される（❶）。内容を
確認し、よければ「保持する」を押す（❷）

5章
驚きの高機能！ Office用Copilot

227

時短に効くショートカットキー

●Word全般

キー	機能
Ctrl + O ら	ファイルを開く
Ctrl + W て	ファイルを閉じる
Ctrl + S と	ファイルを上書き保存
F12	「名前を付けて保存」画面を表示
Ctrl + N み	ファイルの新規作成
Ctrl + A ち	すべてのドキュメントコンテンツを選択
Ctrl + Z つ	1つ前の操作を元に戻す
Ctrl + Y ん	1つ前の操作をやり直す
F4	直前の操作を繰り返す
Ctrl + H く	「検索と置換」の置換画面を開く
Ctrl + Enter	改ページ
Shift + → / Shift + ←	1文字選択
Shift + ↓ / Shift + ↑	1行選択
Home / End	行頭に移動／行末に移動
Ctrl + ↑	段落の先頭に移動
Ctrl + ↓	次の段落の先頭に移動
Ctrl + Home / Ctrl + End	文書の先頭へ移動／文書の末尾へ移動
Ctrl + → / Ctrl + ←	1単語分右に移動／1単語分左に移動
Alt + F4	Wordの終了／設定画面を閉じる

●コピー・アンド・ペースト

Ctrl + X き	切り取り
Ctrl + C そ	コピー
Ctrl + V ひ	貼り付け
Ctrl + Shift + C そ	書式のみをコピー
Ctrl + Shift + V ひ	書式のみを貼り付け

●書式設定

Ctrl + B こ	太字（ボールドのB）
Ctrl + I に	斜体（イタリックのI）
Ctrl + U な	下線（アンダーラインのU）
Ctrl + [゜	フォントサイズを1ポイント小さくする
Ctrl +] む	フォントサイズを1ポイント大きくする
Ctrl + E い	段落を中央揃えにする
Ctrl + L り	段落の左揃えを実行する
Ctrl + R す	段落の右揃えを実行する
Ctrl + スペース	手動で設定した文字書式の解除
Ctrl + Q た	段落書式の解除
Ctrl + Shift + N み	すべての書式設定の解除して標準スタイルを適用
Ctrl + Shift + L り	箇条書きを設定
Ctrl + M も	インデントの挿入

●Copilot関連

⊞ + C そ	Copilot in Windowsの起動／終了
Shift + Enter	Copilotのチャット画面で入力の途中で改行
Alt + I に	Wordで「Copilotを使って下書き」ダイアログやCopilotのメニューを表示（有料版）
Ctrl + Shift + > る	EdgeでCopilotを起動

鈴木眞里子（グエル）

情報デザイナーとして執筆からレイアウトまでを行う。日経PC21、日経パソコンなど、パソコン雑誌への寄稿をはじめ、製品添付のマニュアルや教材なども手がけ、執筆・翻訳した書籍は100冊を超える。近著に『Excel最速時短術』『ビジネスOutlook実用ワザ大全』『PDF最強実務ワザ大全』『Googleアプリ×生成AI 最強仕事術』（いずれも日経BP）がある。編集プロダクション、株式会社グエル取締役。

日経PC21

1996年3月創刊の月刊パソコン雑誌。仕事にパソコンを活用するための実用情報を、わかりやすい言葉と豊富な図解・イラストで紹介。Excel、Wordなどのアプリケーションソフトやクラウドサービスの使い方から、プリンター、デジタルカメラなどの周辺機器、スマートフォンの活用法まで、最新の情報を丁寧に解説している。

ビジネス文書がサクサク作れる！
Word×Copilot 最強の時短術

2024年4月22日　第1版第1刷発行

著　　　　者	鈴木眞里子（グエル）
編　　　　著	田村規雄（日経PC21）
発　行　者	浅野祐一
発　　　行	株式会社日経BP
発　　　売	株式会社日経BPマーケティング 〒105-8308　東京都港区虎ノ門4-3-12
装　　　丁	山之口正和＋齋藤友貴（OKIKATA）
本文デザイン	桑原 徹＋櫻井克也（Kuwa Design）
制　　　作	鈴木眞里子（グエル）
印刷・製本	図書印刷株式会社

ISBN 978-4-296-20477-9

本書籍に関するお問い合わせ、ご連絡は下記にて承ります。
https://nkbp.jp/booksQA